AF435632

Za hranou neznáma

Kontakty s Vyšším Kosmickým Rozumem

Seklitova L. Strelnikova L.

MATRICE

JE ZÁKLADEM DUŠE

CosmUnity2024

Matrice je základem duše. Řada Za hranou neznáma / Kontakty s Vyšším Kosmickým Rozumem /L. Seklitova, L. Strelnikova. – 1 vydání v češtině. – CosmUnity, 2024. – 184 p.

Originální verze: "Матрицаосновадуши".Серия «За гранью непознанного» /Контакты с ВысшимКосмическимРазумом. / Л. А. Секлитова, Л. Л. Стрельникова. – 7vydání, 2008–2022. – М. Amrita-Rus.

© Překlad: NaděždaUlejeva

Obrázeknaobálce: FreydoonRassouli

© Redakční design: Centro de DesarrolloEspiritualHumano"RazaDorada".

Vydání CosmUnity

ISBN: 978-84-128563-6-1 (paperback)

ISBN: 978-84-128563-7-8 (EPUB)

Seklitova L. A, Strelnikova L. L.

MATRICE JE ZÁKLADEM DUŠE

**Řada Za hranou neznáma
Kontakty s Vyšším Kosmickým Rozumem**

Tato kniha shrnuje poznatky o stavbě duše a spojuje nesourodé do jediného celku. Kromě toho se v jemnohmotné struktuře člověka odhaluje mnoho nových nuancí, které umožňují lépe porozumět funkcím duše a její schopnosti přecházet z jedné formy života do druhé.

Kniha také hovoří o tom, proč si jasnovidci nejsou schopni vyléčit, brzy umírají nebo zešílí; otevírá se nový pohled na podstatu nemoci. Vysvětluje, proč a kam mizí někteří lidé na Zemi, jaké druhy mimozemšťanů existují, kdo jsou pránici. Kniha představuje moderní způsoby oživování lidí a mnoho dalšího.

Doporučujeme číst papírové knihy, nesou božský, kladný náboj, ochrannou a zdraví zlepšující funkci a přispívají k objevování talentů, různých paranormálních schopností u čtenářů, duchovně člověka povznášejí. Elektronické knihy přispívají pouze k rozšíření intelektu a informace v nich obsažené nemají cenný energeticky nosný potenciál.

ÚVOD

Tato kniha je věnována obnově celkových znalostí o duši na základě materiálů dialogových kontaktů z řady Za hranou neznáma.

Poznatky prezentované v předchozích knihách a prezentované formou otázek a odpovědí, kdy se student ptá a Učitel odpovídá, umožňují seznámit se s obecnými ustanoveními projednávaného tématu, ale nedávají celkového, jednotného pohledu podstaty věcí.

Dialogy jsou nezbytné k tomu, aby ve čtenáři probudily mysl, přiměly ho přemýšlet. Ale při úplné absenci nezbytných pojmů dialogová forma ztěžuje pochopení skutečných procesů v celkové formě jejich existence. Člověk má proto mezery ve znalostech, nemůže je vzájemně ukotvit v požadovaném sledu. Nebo ve snaze vytvořit celkový obraz, při neporozumění však novému, tak zkresluje, že jseš ohromen jeho schopností zacelit mezery vlastní nevědomosti jakýmkoli dostupným materiálem.

Zkreslení a nepochopení čtenáře vedly k potřebě podat obecný základ o duši ve zjednodušené, ale jednotné formě. Ale abychom byly přesnější, všechny naše knihy jsou vědomostmi o duši, protože bez ohledu na to, o jakých procesech a pojmech mluvíme, buď jsou již stanoveny v její struktuře, nebo jsoutprvese v očekávánídostat do jejích matric postupně jak progresujeduše s tvorbou podobných struktur.

Jakákoli nesrozumitelná slova nevyjadřují nic jiného než to, co existuje a žije v jemných světech. Všechny odrážejí částečku struktury Veškerenstva[*] a těch světových funkcí a konstrukcí, které budou jednoho dne vybudovány v každé pokročilé duši. Není důležité slovo, ale to, co se za ním skrývá. Na složité pojmy by se proto mělo pohlížet jako na funkce, které budou nakonec ovládat člověka, který přešel do jiné formy existence.

Tato kniha také obsahuje mnoho nových vazeb poznání. Zde jsou uvedeny některé další body porozumění, které umožňují rozšířit lidské vědomosti o počátečních fázích zrození duší a mnoha dalších věcech, to znamená, že jsou odhaleny nuance, které ovlivňují stavbu duše a její kvalitativní zabarvení.

---

* - * poznámky autora; * vizslovníčekpojmů.

Duše je to hlavní, co máme, a to, o čem nic nevíme. Proto je třeba těmto znalostem věnovat zvláštní pozornost. Musí se "žvýkat a žvýkat", dokud se vše nerozloží na policích vědomí v pořadí, které tvoří hierarchickou strukturu jakéhokoli trvalého poznání.

- - -

Člověk je zvyklý zacházet se sebou jako s něčím odděleným, nutně výjimečným. Zahalená hrdost z něj leze jako jehly z ježka, navíc on sám to nevnímá. Tak je vychováván od dětství: je člověkem, je jedinečnou individualitou. A skutečně je. Ale z těchto vlastností si člověk bere nejvyšší složku sebeúcty, i když je na nejnižší úrovni, která má úplně jiná kritéria. Objevuje se tedy neopodstatněná pýcha a neustálé sebevyvyšování. Proto je užitečné, aby se člověk zapojil do sebeovládání.

Ať si každý udělá sebehodnocení svých možností, schopností, znalostí, schopnosti něco vytvořit, navazovat spojení a podobně se stejnými vlastnostmi u druhých. Ať se na sebe každý dívá ne prizmatem chtěných nadsázek, ale přes zrcadlo našeho poznání. A pak v tomto zrcadle uvidí krutou realitu: kdo je, co je a kolik cest a životů musí projít, než se ve skutečnosti může stát člověkem a individualitou v nejvyšším smyslu těchto slov.

Pochopení našich informací umožňuje střízlivě posoudit sami sebe, aby lidé, jak se říká, vyhrnuli rukávy, začali pilně sebezdokonalovat a odstraňovat nedostatky.

Kapitola 1
DŮVODY PRO VYTVÁŘENÍ DUŠÍ

Duše* zůstávala pro člověka záhadou po mnoho tisíciletí. Člověk nikdy nevěděl o přítomnosti matrice a Řídící části v jeho duši, o stavbě buněk v ni. Ale co můžeme mluvit o minulosti, pokud mnozí lidé i teď stále nechtějí přiznat přítomnost duše v sobě. Přesněji řečeno, prodchnuti duchem materialismu, nechtějí věřit v její existenci, protože nejsou schopni jej vnímat vizuálně nebo cítit jako nějaké materiální tělo.

Avšak duchovně vyspělí jedinci a mladí zvídaví individua, kteří, jak se říká, zachytili tajné znalosti o duši dané Vyššími Učiteli za běhu, rychle začali nacházet potvrzení její existence světlem. A je potřeba být zkostnatělý materialista, aby tento rozdíl neviděli a nepochopili.

Duše je vždy energie. U lidí je její objem malý a proto je síla duše stále velmi slabá, nicméně je zcela patrné, jak duše prozáří fyzické tělo životem, jak naplní oči světlem díky vysoké koncentraci energie v lidském zrakovém aparátu. Proto, když světlo života opustí tělo, slábne a ztrácí na atraktivitě.

To vše připomínáme, aby bylo možné zbystřit pozorování člověka, odhalit vidění samozřejmého, něco, co nevyžaduje laboratorní výzkum, speciální důkazy a nějaké superzařízení pro experimenty. Jsou zde nové poznatky o duši, vaši oči, mysl a schopnost pozorování. To je docela dost k tomu, aby bylo možné prozřít a vidět, co materiální zařízení nejsou schopna určit.

Právě proto odhalujeme zvědavým a zralým jedincům ta tajemství, která nám Bůh svěřil. Chceme, aby ti, kteří chtějí pokročit duchovně – postoupili, ti, kteří chtějí vidět – viděli.

Samozřejmě, jako mnozí zasvěcení do tajných vědomostí, my mohli také o mnoha věcech mlčet a skrývat je, jak tomu bylo v dávných dobách často u jiných na Zemi. Je hezké považovat se za vyvoleného, zasvěceného do tajemství a pěstovat na to svou hrdost. Jak lichotivé pomyslet: "Já vím a nikdo jiný." Ale vše, co není nebezpečné a nedá se obrátit tak, aby člověku ublížilo, by podle nás měl znát každý. Kdo se chce stát zasvěcencem, ať se jím stane, když se povznese nad marnost tohoto světa, a ať splní svou povinnost vůči Bohu.

Je čas se o sobě hodně naučit, aby bylo možné změnit svůj vlastní pohled na svět a chování. Naše knihy proto odhalují lidstvu jedno tajemství za druhým i celý život nestačí k tomu, abychom ocenili většinu pojmů, které Vyšší prostřednictvím nás předali lidstvu. Není třeba se nových znalostí bát, ale je potřeba jich být hodni.

- - -

Pojmem "duše" má člověk na mysli tu vnitřní podstatu, která mu umožňuje cítit sebe a své "já" jako určitou individualitu, schopnou oddělit svůj osobní základ od okolního světa, uvědomit si svou vlastní jedinečnost, schopnost myslet, pracovat a tvořit.

Je těžké dát ji přesnou definici, protože obsahuje mnoho a nese různé cíle pro vesmír a člověka. To znamená, že člověk věří, že duše je mu dána, aby mohl žít, cítit, vnímat svět kolem sebe a užívat si ho. Vyšší vidí v duši energetický transformátor, který přeměňuje jedné druhy energie na jiné, přijímá je z určitých zdrojů a přenáší je požadovaným kosmickým systémům.

Duše se účastní energetických procesů, proto je spojena s určitými objekty světa, které vytvářejí podmínky pro energetickou výměnu nebo se na ní přímo podílejí.

Celá existence duše není jen sladká existence s honbou za požitky a zábavou, jak se člověk domnívá, ale je to účast na energetických procesech s neustálým přijímáním energie z vesmíru, zpracováváním ji vlastními konstrukcemi, produkováním nových typy energií a jejich vysílání na místa předem určená programem: Země, hierarchickým systémům, sluneční soustavě a tak dále.

Duše je energetický stav, proto **důvodem jejího objevení se na Zemi v určité fázi rozvoje byla potřeba naší planety energetického nosiče schopného zásobovat ji určitými druhy energií.**

Ale proč byla Země miliardy let bez člověka a pak bylo potřeba vytvořit přesně takovou formu, jako je on, vždyť na planetě bylo mnoho jiných forem?

Vyžadovalo to inteligentní bytost pracující s širokým spektrem energií vyššího řádu, a to bylo možné provést pouze speciální konstrukci matricové formy.

Každá nová fáze rozvoje jakéhokoli tvora je doprovázena nárůstem počtu energií zapojených do jeho rozvoje. Proto formy, které existovaly na Zemi před člověkem a pracovaly s malým počtem druhů energií, ji v následném postupu neuspokojily. Navíc to bylo hrubé frekvenční spektrum. Bylo požadováno zapojit nový rozsah mentálních energií a energií duchovního plánu do koloběhu jejích procesů.

To vše vedlo k potřebě vytvořit novou konstrukci formy, zapojující do oběhu širokou škálu energií vyššího řádu než ti, kteří na Zemi pracovali dříve v předchozích fázích jejího vývoje. Planeta potřebovala energie jiné kvality a Úrovně. Rozhodli se je na ni přenést pomocí zvláštní jemnohmotné struktury – duše, vtělené do materiální formy speciálně vytvořené pro tyto účely – lidského těla. (Mluvíme pouze o lidech, ale stejnému cíli podléhají všechny ostatní formy života na Zemi). To znamená, že materiální tělo se svými jemnohmotnými strukturami je cíleně stavěno pro požadované kvality energií. Proto jsou v něm procesy podpory života, stejně jako myšlení a cítění, stejně jako orgány fyzického těla, budovány tak, že prostřednictvím jejich funkčnosti dochází současně k přeměně energií některých typů na jiné.

Navíc, pokud mluvíme o duši v globálním smyslu, pak je pro Boha nezbytná jako zduchovněná částice jejího celkového objemu. Materiální buňky těla tvoří fyzický organismus člověka a energetické "tělo" Boha tvoří duše, které mají také energetickou strukturu. Když lidské tělo roste, zvětšuje svůj objem, je to doprovázeno růstem nových buněk. Organismus roste právě díky nim. **A objem Boha se zvětšuje a vyvíjí díky kvantitativnímu růstu duší, stejně jako jejich pokroku,** to znamená, že nastává proces podobný individuálnímu růstu. Proto Bůh potřebuje určitý počet nových duší určité kvality, aby vyrostl do konkretních velikostí odpovídajících Jeho absolutní Úrovni*.

To znamená, že rozvoj Boha (nebo jakéhokoli Absolutna*) vyžaduje neustálé doplňování Jeho objemu novými zduchovněnými jednotkami, kterými jsou na Zemi duše, a v jiných světech – Podstaty* a různé Stavy.

Kdyby nebylo člověka, pak by k růstu Boha došlo v důsledku doplňování Jeho objemu jinými zduchovněnými jednotkami (formami života) z jiných světů, takže člověk jako živá bytost není nějakou vzácnou výjimkou v našem vesmíru a tím více v Universu.

Lidská duše dodává Bohu zvláštní kvalitu energie pozemského plánu, která je pro Něj v tomto stádiu rozvoje vyžadována. V celkovém objemu Boha zaujímá taková kvalita velmi malé procento, proto je **počet pozemských duší v jeho konstrukci omezený. Zbytek Jeho organismu vytváří duše z jiných světů**. Na první Úrovni Hierarchie Boha je pozemský typ duší malé procento, větší procento patří duším z jiných fyzických vesmírů a energetických světů.

Duše, která uspokojuje potřeby planety, není jejím věčným zajatcem. Prací pro Zemi se zároveň připravuje pro Boha, připravuje se na doplnění Jeho objemu v budoucnosti. A to je její dualita.

Spojení člověka s okolním světem, se Zemí, planetami Sluneční soustavy, s jejich Určovateli a nakonec i spojení s Bohem svědčí o přítomnosti několika důvodů vyžadujících stvoření nových duší. Uveďme tyto důvody.

1. Potřeba Boha (Absolutna) doplnit svůj objem novými zduchovněnými jednotkami, které zajišťují Jeho růst.

2. Potřeba Země mít nosič energie, který jí poskytuje potřebné druhy energie na různých částech povrchu.

3. Potřeba hierarchických Systémů v takovém měniči energie, který by je dokázal spotřebou nízkofrekvenční energie přeměnit na energie vyššího spektra.

Z jedné potřeby vzniká další a tak zrodí se celý řetězec vztahů. Například, aby se člověk najedl chleba, musí nejprve zorat pole, zasadit obilí, pečovat o ně, bojovat s plevelem, hnojit, zalévat. Potom, když jsou klasy zralé, sklízet je, vymlátit zrna, namlít mouku a z ní vypracovat těsto a pak upeče chléb – výrobek určité kvality. **Jedná se o dlouhý řetězec po sobě jdoucích činností vedoucích k vytvoření plánovaného výsledku.**

V Kosmu je to stejné. Pouze zde jsou tyto řetězce závislosti zabudovány do mnohem delších vztahů příčina-následek. Je nepředstavitelné je všechny vyjmenovat, je snadnější říci, že určité Vyšší hierarchické instituce ke své činnosti potřebovaly nějaké procesy pocházející z hrubé materie, a pro tyto účely byla stvořena Země. Její existence, rozvoj a činnost vyvolaly potřebu vytvořit člověka, jeho materiální tělo. **A duše je řídící strukturou tohoto těla.** Bez něj tělo nemá cenu, není schopné se rozvíjet, žít a měnit se v prach.

Hovoříme-li o důvodech stvoření duší v jiných světech, pak musíme pamatovat na to, že každý svět jako Úroveň rozvoje odpovídá konkretnímu rozsahu energií a má svou vlastní technologii pro jejich zpracování. Jakýkoli svět, stejně jako všechno ostatní, není postaven pro jednoduchou a prázdnou existenci, ale pro přeměnu svého energetického rozsahu ve vyšší spektrum. A v každém z nich jsou hlavními pracovními jednotkami, přeměňujícími v průběhu svého postupu nízké spektrum energií ve vysoké, duše. Ale protože existují v jiných vnějších formách než lidské tělo, nazývají se jinak, totiž Podstaty, esence, stavy.

Pojem "duše" je vlastní pouze Systému našeho Boha. Člověk a Podstaty mají přirozeně rozdílnou strukturu duše. Ale člověk je Podstatou v budoucnosti. A k tomu sibude budovat určitým způsobem v několika fázích rozvoje. To znamená, že aby se člověk mohl stát Podstatou, musí vyvinout určitý energetický potenciál duše a kvality k tomu nezbytné.

Jaký je důvod výskytu duší v jiných světech?

Můžeme říci, že jsou stejné jako důvody, které způsobily výskyt člověka na Zemi. Ale druhý bod – potřeba Země na nosiče energie – je nahrazován potřebami konkrétních světů na měniče energií jejich rozsahů.

Pro člověka je Země jeho světem s opěrným bodem na její povrchu. Ale jsou to pouze fyzické světy, které jsou postaveny tímto způsobem: pevný základ pod nohama, vzduch nebo jiné médium kolem planety a více či méně řídký prostor kolem planety.

Mnoho světů nemá zásadní základ v podobě materiálního těla planety, jsou postaveny na zcela jiném principu. S největší pravděpodobností připomínají zdání vzdušného prostředí, na jehož různých místech jsou umístěny potřebné konstrukce. Každá z nich je v tomto prostředí fixována zvláštními způsoby určenými pro materii tohoto světa.

Duše se v takovém prostředí nepřemísťují pomoci nohou jako člověk, ale "létají" nebo se pomocí myšlenky transformují na místa, která potřebují. Nelétají jako ptáci, neodstrkávají se ze vzduchu. Mechanismus jejich pohybu má zcela jiný princip. Jejich způsob existence je také úplně jiný než u lidí, ale svou hlavní funkci – přeměnu energií jednoho typu na jiné – plní všude. **Duše jsou hlavními převaděči energií v materiálních plánech existence (v energetických světech se jedná o matrice různých typů).** V jiných světech mohou být jejich protějšky Podstaty, různé bytosti nebo stavy.

Pro různé světy mají duše různé struktury a nesou různé kvality. Na jednom místě prostoru Veškerenstva jsou vyžadovány duše, vypočítané pro jednu kvalitu, na jiném – pro jinou a tak dále. Proto se duše od sebe liší kvalitami, a tedy vlastnostmi. V nich jsou položeny procesy, které jsou vypočítány tak, aby pracovaly se specifickým rozsahem energií, jejich určitými typy, proto se od sebe budou také funkčně lišit. A i když duše patří do stejné Úrovně, ale pracují pro jeho různé zóny kvality, pak ty z nich, které sídlí v určitých zónách, nebudou moci volně pobývat v jeho jiných zónách. **Aby se mohli přesunout do jiné zóny existence, budou muset změnit vnější obal, který bude muset ve funkční organizaci odpovídat novému místu.** To lze snadno pochopit na příkladu Země.

Člověk žije ve vzdušné zóně pozemského světa a funkce jeho těla a jemnohmotné stavby jsou určeny především pro ni. Aby mohla žít dlouhodobě v jiném prostředí, například ve vodě, zóně jiné kvality, se duše musí převtělit například do formy delfína nebo velryby. (Nebereme v úvahu potápěče, i když jsou schopni být ve vodě. Tento pobyt je však krátkodobý a má jiné účely.) Hlavní věcí je pochopit, že duše žijící v jednom světě není schopna žít v jiném světě, který je kvalitativně odlišný od toho, ve kterém se momentálně nachází. K životu v novém prostředí potřebuje mít vnější obal stavený ve funkcích pro dané prostředí.

Zároveň je jednou z hlavních vlastností duše její všestrannost, protože může žít v jakémkoli prostředí, ale to vyžaduje splnění dvou hlavních bodů:

- prostředí musí odpovídat duši z hlediska Úrovně potenciálu;
- vnější obal, ve kterém je duše umístěna, by měl být svými parametry orientován na život v prostředí, kam je umístěna pro další život.

A poslední podmínka způsobuje nutnost měnit vnější obaly při přechodu duše z jednoho světa do druhého. Proto lze duši přirovnat ke kazetě, která se vkládá do různých magnetofonů a ta "hraje" a vydává to, co ostatní potřebují, tedy Vyšší.

Kapitola 2
KDO VYTVÁŘÍ DUŠE A JAK

Lidská duše není něčím výjimečným a jediným výtvorem ve vesmíru. Kolik světů je v něm, alespoň tolik je druhů živých bytostí, které je obývají. A pokud uvážíme, že v jednom světě může být mnoho jejich druhů, pak jejich počet exponenciálně narůstá.

Neexistují žádné prázdné světy. Pokud existuje svět, pak v něm musí žít nějaké živé bytosti nebo stavy. Zde ale musíme vzít v úvahu fakt jejich dočasné nepřítomnosti. Pokud je svět stvořen znovu, pak v něm mohou dočasně chybět bytosti. Ale je postaveny speciálně pro nějakou formu života. V požadovaném okamžiku, když jsou pro to vytvořeny všechny podmínky, se ten život projeví. To znamená, že Vyšší Osobnosti spustí do rozvoje ty formy, které jsou vytvořeny speciálně pro tento plán existence a pro daný čas.

Při restrukturalizaci světa mohou dočasně chybět i bytosti (opouštějí jej na požadovanou dobu). Ale když restrukturalizace skončí, pak se forma živých bytostímění.

Když však říkáme, že žádné "prázdné světy neexistují" a člověk v nich nevidí nic živého, pak je v tomto případě pro pozorovatele stále aktuální otázka – je schopen svými orgány vnímání vidět jiné formy? Mohou být přítomni v pozorovaném světě, ale člověk je s ohledem na rozpor mezi jeho vlastními zrakovými orgány a technickými prostředky pozorování nemusí spatřit rozsah existence těchto tvorů. To znamená, že jeho orgány vnímání nejsou schopny vnímat jinou dimenzi. **Člověk pokračuje v hledání živých forem ve své vlastní dimenzi, ale ty jsou v jiné.**

Různé dimenze to jsou různé Úrovně rozvoje, i když jedna dimenze je schopna obsáhnout bytosti různého stupně dokonalosti neboli podúrovně.

Úrovně a podúrovně jsou stupni evolučního rozvoje a stupni nemohou být prázdné, proto jsou naplněny dušemi odpovídajících stadií dokonalosti. Duše se liší nejen v Úrovních rozvoje, ale také v kvalitativním směru rozvoje, to znamená, že duše mohou patřit do stejné Úrovně, ale co do kvalit se od sebe budou lišit. To je obecný princip jejich pohybu ve vesmíru od nižšího k vyššímu. Nás ale v tuto chvíli zajímají pouze duše žijící na Zemi, a tak se vraťme k jejich historii.

- - -

Země a lidstvo jsou v teritoriálním území Boha. V universu má specifické soukromé vlastnictví, to znamená v tomto případě čtyři fyzické Vesmíry, o kterých jsme se zmiňovali dříve v jiných knihách, a určité energetické světy, které tvoří Jeho Hierarchii na jemnohmotném plánu. Bůh je v jiné dimenzi, a proto zůstává člověkem nevnímán.

Všechny typy duší si pro své územítvoří samotný Bůh a Jeho pomocníky, kteří dosáhli vyšších Úrovní Hierarchie. Jakákoli duše je sestavena na základě matric Boha. Všechny matrice pro bytostí jsou sestaveny ve stejném standardu. Poté, co jsou připraveny, jsou (matice) umístěny do speciálních obalů a odeslány do počátečních světů, kde začínají procházet první fáze rozvoje.

Identické matrice jsou vloženy do různých obalů, pokud jsou odeslány do různých světů. A tyto obaly jsou přizpůsobené Vyššími pro fungování v konkrétních světech.

V jednom světě může duše zahájit rozvojový stupeň s určitou formou existence, která je primární. Například na Zemi může začít své zdokonalování z formy nerostu. V tomto případě mluvíme o pozemském typu duší, ale ne o lidské Hierarchii, která má výjimku. Duše určená pro lidskou civilizaci může začít rozvoj z lidského stádia, o kterém bude řeč níže. Takže v pozemském světě má duše dvě startovací pozici. Taková příležitost se objevila až v páté civilizaci, předtím všechny duše začínali svůj rozvoj ze světa minerálů.

Ale progresivní způsoby vytváření matric*umožnily duším začít z vyšších stupňů vývoje, což přispělo k urychlení jejich rozvoje.

Duše nemůže ignorovat nižší Úrovně díky své speciální konstrukci. Proto poté, co bylo upřesněno, od jaké fáze má začít svůj rozvoj: svět minerálů nebo svět člověka, je povina nadále dodržovat přísnou posloupnost při dosahování Úrovní.

Nezbytným opatřením je však přítomnost dvou startovacích pozic pro pozemský svět. V souvislosti se zaostáváním lidstva v rozvoji bylo nutné myslet na urychlení jeho zdokonalování, aby dorazilo do cíle v původně plánovaném čase.

Struktura každé duše je založena na matrici. Ale stále nemůžeme to nazývat duší, protože ta (duše) v sobě zahrnuje přítomnost řady pomocných struktur. Žádná duše se však neobejde bez matrici, který je její hlavní součástí.

Matrice, jako základ pro konstrukci, byla vyvinuta přímo Bohem pro své světy. To znamená, že nevytváří pouze matrice podle něčích "nákresů" obecně přijímaných v Universu, ale zhruba řečeno tyto "nákresy" rozpracovává sám a pak na nich staví. Pro náš vesmír vyvinul pět typů matric a jeden z těchto typů byl určen pro bytosti.

Přirozeně další Bohové, vlastníci jiných vesmírů (existujících kromě našich čtyř), také vytvářejí matrice pro obyvatele svých světů. Ale každý Bůh je buduje po svém a v souladu s úkolem, který mu byl přidělen.

Hlavní věcí při konstrukci matrice je orientace její funkční činnosti na určitou kvalitu duše. To znamená, že konstrukce matrice je okamžitě určena k vytvoření požadovaných vlastností v ní, a to je práce s určitými rozsahy energií, to je určitá funkční činnost. To vše vyžaduje specializovanou konstrukci, která se samozřejmě bude lišit od struktury matric vytvořených jinými Bohy universu, protože je každý bude orientovat na kvalitu, kterou osobně vyžaduje. Proto se duše stvořené jedním Bohem stávají neslučitelné s dušemi jiného Boha, pokud jde o kvalitu jejich energií.

To se vysvětluje také tím, že **matrice podle typu energií musí nutně souviset s Vesmírem, pro který jsou vytvořeny**. A každý Vesmír má svou vlastní kvalitu, takže nemůžete vzít materiály z jednoho Vesmíru a vytvořit z nich matrice pro jiný Vesmír.

Matrice duše a matrice Vesmíru musí být materiálně i kvalitativně homogenní. Tato skutečnost také hovoří o něčem jiném, totiž že duše postavené pro jeden Vesmír nemohou existovat v jiném. (Hovoříme o existenci v přirozené formě. Dočasný pobyt ve speciálních ochranných strukturách je možný.)

Jak vidíme, **hlavní věcí při tvorbě duší, jejich konstrukci, je kvalita, kterou musí při svém fungování poskytovat.** Proto Bůh pro jehostavbu (pro kvalitu) vyvinul samostatný typ matrice.

Duše mohou být stvořeny pouze Bohem a těmi Vyššími Osobnostmi, kterým tuto práci svěřil. Obvykle jsou všichni na poslední nebo předposlední Úrovni Jeho Hierarchie. A na tvorbu matric se přímo specializují. To znamená, že aby se někdo naučil, jak je stavět, musí projít celou pozemskou (nebo jinou nižší Hierarchií) a ještě vyšší Hierarchií Boha. A to naznačuje, že je třeba absorbovat kolosální množství znalostí a určitě se vybudovat požadovaným způsobem.

Pouze dvě vyšší Úrovně Hierarchie Boha mají schopnost a právo vytvářet matrice a zduchovňovat je. Takovou možnost nemá například Ďábel. Není schopen produkovat duše pro svou Hierarchii ze dvou hlavních důvodů.

Za prvé, nedosáhl vyšších Úrovní Boží hierarchie. A pouze hierarchické Systémy, blízké Bohu, vlastní tajemství zduchovnění. Všichni níže o ní nic nevědí. Ale jsou to právě tyto Systémy, ke kterým se Ďábel nikdy nebude moci přiblížit kvůli svému nižšímu energetickému potenciálu. Nebude schopen proniknout do světů s obrovskými mocnými energiemi: jednoduše ho spálí. Pokud chce dosáhnout těchto Úrovní zrychleným rozvojem, pak se mu to také nepodaří, protože zatímco on se rozvíjí stejnou rychlostí, Bůh a Jemu blízké Podstaty se vyvíjejí s jinou, několikrát vyšší, než je jeho rychlost. Z tohoto důvodu se interval mezi nimi neustále prodlužuje, proto **Ďábel nikdy nedosáhne Systému, který vytváří duše**, aby se dozvěděl toto velké tajemství.

I když samozřejmě jednoho dne v průběhu evoluce vystoupí ve své Hierarchii na podobnou Úroveň, která odpovídá dvěma horním Úrovním současné Hierarchie Boha, ale budou to kvalitativně odlišné světy s jinými procesy. A zde **přichází druhý důvod, proč nikdy nemůže tvořit duše.**

Zadruhé, Ďábel se v průběhu svého rozvoje zpočátku kvalitativně vybudoval tak, že se stal neschopným procesu zduchovňování matric. Je schopen sestavit matrici jako strukturu, ale nemá ji moci zduchovnit, protože **si budovalopačně Bohu a v průběhu rozvoje pro sebe nenasbíral energie zduchovnění.** A v tomto smyslu není plodný. Proto jeho Hierarchie roste díky jejímu doplňování defektními dušemi, které mu dává Bůh.

K rozvoji energií zduchovnění je nutné v sobě rozvinout kvality lásky, tvorby, jednoty a další vlastnosti založené na kladných energiích. Rozvoj kvalit je budování sebe sama přísně konkrétním způsobem. Proto, když Bůh zvolil kladný směr zdokonalení, nashromáždil zduchovňující energiia ovládl metodu zduchovnění.

Záporní cesta rozvoje neumožňuje hromadění zduchovňujících energií, protože se jedná o zcela odlišné konstrukce duše a nahromadění v matrici kvalit opačných k Bohu. Ďábel se proto stává závislým na Bohu: pro svůj další růst také neustále potřebuje doplňovat svou Hierarchii novými dušemi, ale nemůže je brát nikde než od Boha.

Tato závislost umožňuje Bohu regulovat růst Ďábla ve vztahu k Němu. Bůh je povinen neustále držet Ďábla, jak se říká, v "těsných rukavicích", a proto mu dává takové množství vadných duší, které Bohu umožňuje udržet si potřebnou mocenskou převahu. Pokud počet defektů překročí požadované procento návratnosti, pak jsou rozkódovány všechny ostatní defektní duše, které vytvářejí přebytky.

Jak jsme tedy zjistili, ne všechny vysoce vyvinuté Osobnosti v universu jsou schopny vytvářet nové duše. Záporní jedinci tuto schopnost nikdy mít nebudou.

Pokud jde o Vesmír, jediným a hlavním Stvořitelem duší je pro něj náš Bůh, tedy určitá Osobnost, která jde kladnou cestou a dosáhla požadované Úrovně rozvoje. Bůh má přirozeně na práci spoustu nejrůznějších věcí a nemůže se zabývat pouze produkcí nových duší, proto pro tyto účely povolal pomocníky, kteří dosáhli předposlední a poslední Úrovně Jeho Hierarchie, kteří nashromáždili potřebné zkušenosti, znalosti a kvality k tomu nezbytné.

Ale ne všechny Osobnosti z těchto posledních Úrovní se zabývají tvořením nových duší. Vše se děje na žádost samotných Osobnosti. Specializují se na ně ti, kteří chtějí vytvářet nové duše, tvoří samostatnou nezávislou instanci, nebo můžeme říci laboratoř. Ostatní Osobnosti, které jsou na stejné poslední Úrovni, se specializují na jinou práci. To znamená, že produkce nových duší není povinná pro každou vysoce rozvinutou Osobnost. Může dělat to, co má nejraději.

Pokud však z poslední Úrovně Hierarchie nevstoupí Vyšší Osobnost do objemu Boha, ale rozhodne se jít samostatnou cestou, tedy vést svou vlastní Hierarchii, pak se bude muset zapojit do reprodukce duší pro sebe a bude muset tuto techniku ovládnout. Každá Podstata má předpoklady pro zduchovnění nových duší, ale může je produkovat pouze tehdy, když je jí odhaleno i tajemství způsobu zduchovnění.

Když je Osobnost, opouštějící Boha, oddělena od Boha, je jí stanoven vlastní cíl rozvoje a je přiděleno území, na kterém by se měla rozvíjet. Stanovený cíl nastaví kvalitu, ve které by se její duše měly budovat, takže je nově vytvořený Bůh postaví po svém a samotné matrice mohou mít úplně jinou strukturu než náš Bůh, ačkoliv v minulosti tato Osobnost měla s Ním hodně společného.

Pokud jde o duše vytvořené v našem Vesmíru, ty jsou budovány speciálními laboratořemi. Zabývají se jejich pěstováním podle speciálních metod, udržovaných v tajnosti. Pěstování matric je jednoznačná technologie s nejpřísnějším dodržením všech nutných požadavků režimu a dodržení požadovaných parametrů.

Proces tvorby matric by měl být rozdělen do dvou poddruhů.

1. Samotná konstrukce matrice je postavena na postupném budování konstrukčních prvků. Takové matrice jsou standardní pro bytosti všech světů našeho Boha. Ale tyto matrice jsou prázdné.

2. Prázdné počáteční matrice jsou naplněny speciálními energiemi, které tvoří jedno procento nahromadění objemu matrice ve třech oddílech duše. Také podstupují určitými stavbami, které je orientují na konkrétní funkce. Takže tyto primární akumulace jsou převzaty z rozkódovaných* duší (lidí a jiných tvorů paralelních světů). Pro stvoření z jiných světů budou tyto akumulace odlišné. Pokud jsou světy nové, jednoprocentní obsah bude speciálně vybrán v souladu s

budoucími kvalitami duší. A pokud se do stávajících světů budou přidávat nové duše, pak bude jejich primární základna vybudována na základě požadavků současného rozvoje.

Některé materiály pro nižší světy, včetně Země, pro stavbu matric, jsou převzaty, jak jsme zjistili, z rozkódovaných duší. Defektní duše, to znamená degradující v záporném směru, se po deseti zkušebních inkarnacích nedopouštějí dále rozvíjet. Ale protože již nashromáždili nějaké energie, jsou to ty akumulace, které slouží jako materiál pro vytváření primárních akumulací matric pro Zemi. Buňky matric v rozkódovaných duších jsou vyčištěny, energie nashromážděné za deset životů jsou seřazeny podle typů a prvků, protože v buňkách již mají určitou strukturu. Nečistoty a vše nepotřebné je vyčištěno, rozebrané prochází speciální úpravou a teprve poté je dáno zpět do oběhu, aby se vytvořily nové duše.

A samotné vadné matrice po vyčištění zůstávají v původní podobě. Tato konstrukce je znovu uvedena do oběhu pro vytvoření nové osobnosti. A ty materiály, které se ukázaly jako výsledek demontáže, jsou očištěny od všechno nepotřebného a rozděleny na základní prvky, které se používají k vytvoření nových matric. K vytvoření matric se používají pouze čisté energie. Materiál musí být vysoce kvalitní, protože se staví věčné struktury.

Energie zduchovnění z rozkódovaných duší se shromažďuje odděleně a používá se také k vytváření nových duší. Podmíněně lze stavební prvky matrice nazývat energetické složky. Každý z nich se postupně připojuje v požadovaném pořadí. Samotné energetické složky jsou různého typu, to znamená, že matrice není vytvořena z jednoho typu energetických složek, ale z jejich určitého složení a počtu, které v souhrnu svých vazeb tvoří požadovanou kvalitu konstrukci. Proto bude mít **matrice prostoru** jinou kvalitu než **matrice zákonů**.

Při růstu je udržován specifický režim prostředí, ve kterém matrice roste. Její růst však nespočívá v samostatném vývoji jednou daného procesu, ale v neustálém umělém přírůstku jednoho prvku k druhému. To je velmi pečlivá práce. Jedna mikročástice pod vlivem určité technologie by měla přerůst na druhou.

Metoda stavby matrice z počtu vadných duší se pro pozemský svět používá pouze pro lidi. Pro živočišný plán už to například neplatí. Pro Zemi a jiné světy jistě existují i jiné metody.

Hlavním důvodem pro použití prvků z rozkódovaných duší k vytvoření matrice byla tendence k bezodpadové výrobě, která existuje u Boha. Je potřeba někde uvést do oběhu energie nahromaděné dušemi (po jejich rozkódování). Proto byla tato technika racionální.

Materiály odebrané zničeným duším mají navíc v základu svých prvků psychickou energii a řadu dalších parametrů, které přispívají k urychlení postupu duší při jejich samostatném rozvoji. To je druhé plus této techniky.

Při spojování energetických komponentů je sledována kvalita výsledných spojů. Je vyžadováno, aby jedna energetická složka pevně přirostla do druhé, protože se buduje věčná struktura – matrice. Chyby zde nejsou povoleny. Pokud se něco pokazí a nesplňuje stanovené požadavky, pak se prvek odpojí a provede se náprava. Pak je opět jeden prvek spojen s druhým a čekají, až přiroste, jak má. Poté se připojuje další energetická složka. Proces pokračuje, dokud matrice nedosáhne požadovaných parametrů a požadované kvality. Ale takto se dělá mnoho matric najednou. Jejich počet je ale vždy přísně definován.

Tímto způsobem se matrice vytváří po dobu devíti kosmických let. Tento čas ale nepřevádíme do lidských měřítek, protože v jiných dimenzích je čas jiný a nelze jej ukotvit s pozemskými jednotkami, které jsou stvořeny pouze pro fyzický svět. Pro člověka se takový čas bude zdát jako věčnost, ale pro ostatní tvory je pomíjivý, jako okamžik. Zastavme se proto u tohoto obecného pojmu – "kosmického času", aniž bychom jej dále rozváděli. Za stejnou dobu například devět kosmických let vznikají další matrice, které zahájí etapu rozvoje z jiných forem bytostí nacházejících se v našich paralelních či nižších světech.

Matrice bytostí jsou univerzální. To jim umožňuje během rozvoje přejít z jedné formy do druhé, výrazně odlišné ve své funkční aktivitě. Takže v procesu zdokonalování se matrice bývalého člověka může nadále rozvíjet ve formě menší planety nebo ve formě Podstaty. A budou to různé světy: první je materiální, druhý energetický, ale v obou bude duše postupovat.

Ty duše, které začnou svůj rozvoj v paralelních materiálních nebo jemnohmotných plánech Země, nedostanou stejný počáteční rozvoj, a proto budou mít v matricích jiný kvalitativní základ.

Při stavbě matric bytostí se používají progresivní metody, výroba se neustále modernizuje a na to by se nemělo zapomínat. I když někteří věří, že jednou započatá činnost zůstává navždy nezměněna, a pokud se včera matrice budovaly takto, dnes je nelze postavit jinak, ale pokročilé techniky se týkají všeho, a dokonce i vytváření matric.

Všechno má své vlastní rysy. Například matrice duší vtělesňují do lidského těla a těla planety, které jsou tak nesourodé, ale společně fungující v procesu dalšího rozvoje. Je samozřejmé, že složitost těchto prací vtělesnění není stejná a oba procesy mají své vlastní charakteristiky.

Pokud však mluvíme o složitosti práce, pak je obtížnější vtělesnit velké formy než malé. Ale toto rozdělení na malé a velké je použitelné pouze pro formy materiálního plánu. V energetických světech Hierarchie se duše dostávají do forem Podstat, používajíce jiné metody sjednocení s vnějším obalem. A kromě toho, formy Podstat stejné Úrovně jsou stejné.

Matrice je určitá struktura a to, co člověk nazývá duší, je něco jiného. V následujícím textu tyto rozdíly probereme.

Matrice je zduchovněná od prvního okamžiku svého vytvoření. A to je obzvláště důležité, protože musí být naživu po všech těch devět kosmických let, kdy se buduje. Spojení jejích prvků, jejich vzájemné propojování, je nemožné, pokud duše není zduchovněna. Proces zduchovnění matrice se proto provádí v samém počátečním okamžiku jejího vytvoření. Zduchovnění provádí Bůh a Jeho pomocníci.

Způsob zduchovnění pro každého Boha, pokud provedeme takové srovnání, je také individuální, proto má náš Bůh svůj vlastní. To znamená, že je to určitý proces se speciální technologií, kterou On sám vyvinul.

Pokud mluvíme o historii této metody, pak se na tomto procesu nějakou dobu podílel pouze Bůh sám. Ale jak se jeho aktivity rozšiřovaly, začal do tohoto procesu zapojovat ty nejdůvěryhodnější osoby. Bůh odhalil své tajemství Vyšším Osobnostem, které se staly jeho pomocníky.

Pokud mluvíme o těch Podstatech, které se oddělují od Boha pro samostatnou práci, ovládají metody zduchovnění, které jsou obecně dostupné každému. V Universu je vždy k dispozici obecné znalosti pro všeobecné použití a existuje soukromé znalosti, které zůstává pod vedením někoho. V podstatě jde o specializované znalosti, které lze využít pouze na konkrétním místě.

V každém případě však znalosti zůstávají Úrovňové. A to znamená, že další osobnosti, které dosáhly této Úrovně, mají právo je poznat a použít pro sebe podle potřeby. Ale obvykle čas a noví jedinci upravují soukromé znalosti a modernizují je.

Vyšší Osobnost může pro sebe použít obecně dostupné metody zduchovnění v podobě, v jaké je poznala, nebo na jejich základě vytvořit něco individuálního. Většina má tendenci vytvářet individuální procesy, protože se jako soukromé vlastnictví stávají pro ostatní nedostupné. To už platí jako oblast osobních vynálezů.

Absolutně vše má své vlastní rysy. Existují obecná a specifická ustanovení. Bohové však na základě obecného vždy vytvářejí, kde je to možné, konkrétní, tedy individuální, odlišné od ostatního.

Zduchovnění matric naším Bohem je tedy soukromý proces. To je také vyžadováno, protože duše jsou hlavním bohatstvím všech Bohů. Duše pro ně vytvářejí energii a přispívají k jejich růstu a zvýšení kapacity.

Náš Bůh vytváří matrice pro duše bytostí dvěma způsoby. Při prvním způsobu jej buduje jako celek, jak jsme již psali výše, **prostřednictvím důsledného a nepřetržitého připojování energetických prvků.** Tato metoda je nejvyspělejší a nejstabilnější. Ale duše podle toho se vyvíjejí déle a začínají přemýšlet, pokud prošly poměrně dlouhou cestou vývoje. Čili k tomu, aby se tvor naučil myslet, je nutná jeho účast na mnoha životních procesech a mnoha reinkarnacích. A v důsledku toho takové duše vyžadují mnoho práce a nákladů pro svůj rozvoj. Dá se říci, že jejich zdokonalování je velice nákladné.

Druhý způsob vytváření matric pro budoucí duše je složitější než ten první, ale **rychle dává duši požadovanou kvalitu, duše** rychle začíná samostatně myslet, respektive, **budovaná druhým způsobem, začíná myslet od počátečního okamžiku jejího stvoření.**

Vezměte rostlinu, ryby, hmyz. Žijí, ale nejsou schopni myslet. Celý jejich život je činnost programu. Nemluvíme o přítomnosti pocitů. A člověk je již schopen myslet (i když ne kdokoli, ale ten, jehož matrice je postavena druhým způsobem). Duše může projít stádii hmyzu, plazů, ryb, ptáků a nebude schopna sama vytvářet mentální obrazy. A v člověku už začíná proces sebemyšlení. A pro Boha je důležité urychlit objevení se této vlastnosti v duši.

Ale aby se proces samostatného myšlení začal budovat v základu duše, jsou zapotřebí další, jemnohmotní struktury s vložením do nich speciálních mechanismů, které tento proces budují nejprve uměle na základě programu. Po dosažení určité konstrukce se změní v samostatnou funkci.

Druhý způsob vytvoření matrici spočívá v tom, že v určité fázi jejího růstu se do původně budované matrice přidají některé energetické složky z jiných duší, které se zpočátku budují.

Pro tyto účely se od jiných duší odebírají pouze dvě nebo tři energetické složky*, které tvoří nějaké kvality. Ale tyto dvě nebo tři kvality, když se spojí, tvoří úplně nový stav.

Zde by mělo být objasněno, že matrice je jedna věc a počáteční duše je druhá. Matrice se buduje a duše se již rozvíjí.

Matrice je základem duše. Ale aby se matrice mohla nazývat duší, musí být spojena s nějakými trvalými a dočasnými konstrukcemi. To znamená, že **duše to je matrice ve spojení s řadou jemných struktur**. Ale my teď mluvíme o matrice – základu budoucí duše. Proto se při druhém způsobu konstrukce do vytvořených matric přidávají prvky z již rozvíjejících se počátečních lidských duší. Ale jaké jsou tyto prvky? Odkud pocházejí a co se stane s dušemi, od nichž tyto prvky kvalit převzaty?

Ujasněme si, že prvky kvalit jsou převzaty z duší, které již měly své vlastní vědomí. Ale to nejsou defektní duše, ale vyvíjející se. Vzpomeňme si, jak Bůh vysvětlil v naší knize "Energetická struktura člověka a materii": "Když se spojí dva prvky z energií dodatečných kvalit vědomí, pak mají své vlastní odpovídající prostředí. A už se nestaví z "prázdné" energie, jako v první verzi, ale z kvalit vědomí, které již mají nějakou určitou strukturu, a proto jsou schopny pracovat samostatně, jsou schopny samostatně myslet a jednat."

Abychom to pochopili, vraťme se k rozvoji mladých duší. Člověk má schopnost rozvíjet neplánované vlastnosti, to jsou vlastnosti, které nejsou zahrnuty v hlavním programu života. Sám se například naučil hrát na kytaru. Nějakou dobu se věnoval hudbě, ale pak ho životní podmínky donutily k jiným věcem (hlavním v programu) a na svou zálibu v mládí zapomněl. A o dvacet let později si na něj vzpomněl, ale na kytaře už nedokázal nic reprodukovat, protože tato vlastnost v něm nebyla dostatečně zafixována cvičením a zmizela jako nestabilní.

Počátečtní duše mají mnoho z těchto neplánovaných vlastností. Nejsou jednotlivcem správně postaveny, a proto mizí z vědomí. Pokud vlastnost nevstoupí do podvědomí z matrice vědomí, pak se pro člověka stává ztracenou. Všechny nestabilní vlastnosti mají schopnost opustit matrici vědomí a jsou pro jednotlivce navždy ztraceny.

Avšak takové nestabilní vlastnosti jsou neplánované, pokud opustí vědomí. Plánované kvality nesmějí odejít, ale jsou vytvořeny podmínky pro jejich další rozvoj v další inkarnaci. Člověk je nuceny dopracovat základní vlastnosti, proto často neberou v úvahu jeho touhy.

Vyprchávající vlastnost je určitý energetický stav, který si jedinec vybudoval při činnosti, které ho zajímá. Proto, i když mizí, má jako stav konkrétní strukturu a hlavně zahrnuje jako vlastnost vědomí schopnost samostatně pracovat, myslet a jednat.

Jsou to právě tyto vyprchávající vlastnosti, které Vyšší shromažďují (u Boha není nic nazmar) a spojují dvě nebo tři do nových stavů. A protože každá kvalita je individuální, pak nový stav bude také vždy individuální, není shodný s jakéhokoli jiným.

A tento nový stav, jako prvek, je propojován s matrici vyrobené podle prvního způsobu, což dává matrici novou kvalitu – schopnost uvědomovat si prostředí od své první inkarnace a schopnost myslet.

Tyto podpůrné stavy nejsou připojované ke struktuře samotné, tedy k té, která buduje buňky a konfiguraci matrice, ale k počátečním náplním duše.

Existuje také taková možnost: vyprchávající vlastnosti se používají k vytvoření jednoprocentního plnění ve třech částech duše. To, co tvoří jednoprocentní naplnění kladní, záporní a řídící části duše, je postaveno na kvalitách, které opouštějí matrici vědomí jiných duší. Jednoprocentní obsah proto zpočátku získává schopnost uvědomovat si prostředí, chápat, co se děje.

Takové matrice se používají okamžitě od fáze forem schopných přemýšlet, to znamená, že se nepoužívají pro formy rostlin, hmyzu, plazů a tak dále.

Důležitým rysem některých vyprchávajících vlastnosti je schopnost spojovat se s podobnými vyprchávajícími vlastnostmi jiných duší, utvářet nové složení, nový stav, který tvoří svůj vlastní obal. Je to pravě tento nový stav, který se používá jako energetická složka připojovaná k matrici.

Druhá metoda je považována za lepší, kvalitnější, protože okamžitě poskytuje matrici schopnost myslet samostatně, a ne s pomocí programů. Ostatně robota lze také zaměnit za myslícího tvora, jelikož je schopen se pohybovat, něco dělat a odpovídat na vaše otázky, ale to vše na základě v něm zabudovaného programu. A pokud vás dokáže porazit v šachu, neznamená to, že je chytřejší než vy a myslí sám. Vývojáře jeho programu se ukázali být chytřejší než vy a ukázali svou převahu nad vámi prostřednictvím umělého stroje.

Matrice vytvořené druhým způsobem vylučují fázi takové dočasné robotizace z rozvoje. Procesy myšlení jsou vybudované kvalitněji, člověk rychle dospěje k rozvoji mentálního obalu.

Tyto dva způsoby pěstování matric vytvářejí dva typy počátečních matric pro tvory různých kvalitativně. První způsob dává prázdné matrice, druhý vytváří matrice s prvky vědomí. Ale druhý typ matric je založen na prvním typu. První metoda proto zůstává hlavní.

Matrice je struktura pro zpracování energií a shromažďování kvalit.

Z těchto dvou typů matric – matric bytostí (jedná se o čtvrtý typ matric v našem vesmíru) – se staví duše lidí.

Než se však matrice, vybudovaná prvním nebo druhým způsobem, stane duší, je doplněna o některé kvality přesně definovaného množství. Proto, aby se matrice proměnila v duši, je jí dodáváno jedno procento kladní energie, jedno procento záporní energie a jedno procento neutrální energie (Obr. 1).

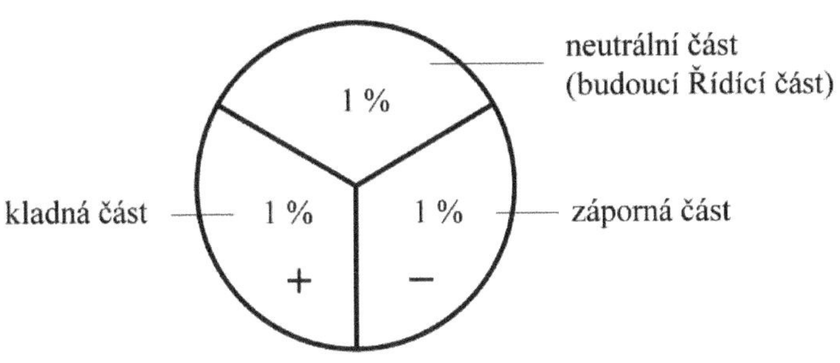

Obrázek 1. Nově vytvořená duše

Kladní a záporní energie duše vytvoří protiklady, které spolu neustále bojují, a mechanismus, který dává vzniknout neustálému pohybu k dokonalosti v opozici. A neutrální energie slouží jako základ pro vytvoření Řídící části duše. A v tomto ohledu jsou všechny počáteční duše standardní.

Takto vypěstovaná matrice, která má specifickou konstruktivní formu a obdařená počátečním kvalitativním složením, se postupně přibližuje pojmu "lidská duše". Vezměme také v úvahu, že je nutně zduchovněna od samého počátku. Ale uvedené prvky stále neumožňují nazývat to skutečně lidskou duší, protože tyto detaily jsou vhodné i pro duše jiných forem. Přejděme proto k bližšímu zkoumání těch struktur a procesů, které proměňují matrici v lidskou duši.

Kapitola 3
STAVBA DUŠI

Jak jsme zjistili v předchozí kapitole, základ duše, jejím jádrem je zduchovněná matrice, která má schopnost oživovat (zduchovňovat)* formy, do kterých je umístěna. Ale samotnou matrici ještě nelze nazvat duší člověka nebo zvířete. Měla by mít řadu dalších konstruktivních doplňků.

Pro lidskou duši vysoké úrovně jsou to trvalé schránky (nejvyšší energetické tělo, absolutní tělo; duchovní, kauzální, mentální) a dočasné (astrální a éterické s fyzickým). Zde je třeba objasnit, že mentální obal v současné době u některých jedinců* (nízkých) patří k dočasné struktuře, protože ještě nemají nezávislý proces myšlení. U jiných (vysoce rozvinutých) jedinců patří k trvalé, protože už začali budovat procesy nezávislého myšlení. Z tohoto důvodu vzniká zmatek: někteří lidé budou mít čtyři stálá těla, zatímco jiní budou mít tři. Proto je nutné si ujasnit, o kom mluvíme: o nízkém* jednotlivci nebo vysokém*.

Dočasná energetická těla se nevztahují přímo ke struktuře duše, jsou to pomocné prvky nebo detaily, které se budou v každém světě lišit. K duši se tedy přímo patří pouze samotná matrice a stálá energetická těla (u člověka, který dokončuje rozvoj v páté rase, jsou čtyři, u osoby šesté rasy jich bude šest).

Ale to nejsou všechny složky duše. Aby počáteční matrice fungovala normálně a v těch funkcích, které člověk vyžaduje, k ní jsou připojené matrici času, zákonů, kvalit, pojmů a slova (Obr. 2). Uspořádání matric ve schématu poměrně navzájem se zobrazuje podmíněně. První čtyři matrice jsou trvalé a matrice slova je dočasná, protože řečová forma komunikace se používá pouze pro pozemšťany. Ve Vyšších a jiných světech – jiný systém komunikace a myšlení.

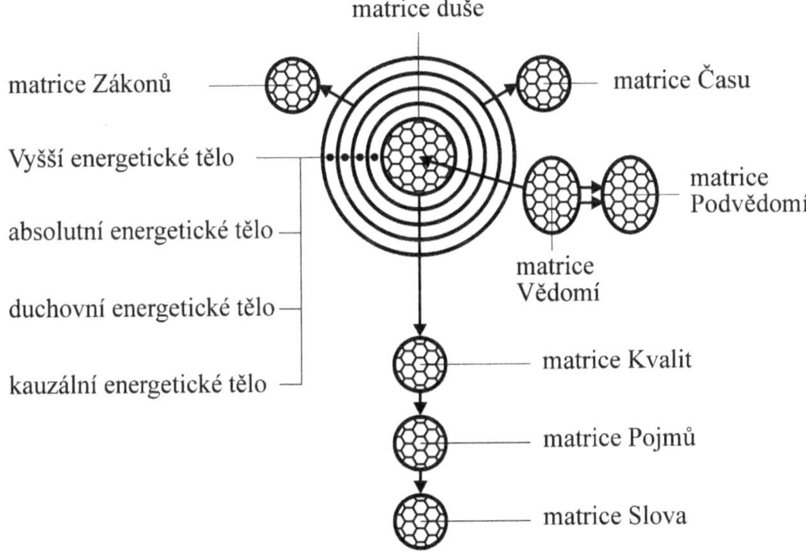

Poznámka. *Schéma znázorňuje nízkého jedince.*

Obrázek 2. Složky lidské duše

Ale nejdůležitější ve struktuře duše jsou matrice vědomí a podvědomí. Jsou součástí konstrukce základní matrice duše.

Obaly orientují matrici na určité procesy, pomocí kterých naplňuje své buňky požadovanými typy energií a vytváří v sobě potřebné konstrukce.

V jemnohmotných obalech jsou zapuštěny potřebné mechanismy zpracování, totiž transformaci, energie. **Nejprve se vkládájí uměle a pak se na základě umělých mechanismů budují přírodní procesy, které se promění ve funkce dané duše.** Lidská duše, jak vidíme, je tedy souborem různých struktur jemného plánu, které zůstávají neviditelné pro samotného jednotlivce.

Ale pokud by matrice nebyla určena pro člověka, ale pro jiné formy, pak by byla spojena s jinými jemnohmotnými konstrukcemi. Například matice pojmů a slova by již duše rostlin nepotřebovaly. Z trvalých energetických těl by zůstalo jedno kauzální a z dočasných éterické, které by zahrnovalo funkce astrálního energetického těla. A procesy v energetických tělech by byly položeny pro jiné funkce a rozvoj jiných kvalit. Jemnohmotné obaly rostlin mají jinou jemnou strukturu než jemnohmotné obaly člověka, protože jsou určeny pro jiné funkce a pracují s jiným rozsahem energií pozemského plánu.

Samotná matrice určená pro živé formy je natolik všestranná, že je vhodná pro zabudování do jakékoli formy, ale samozřejmě s využitím pomocných struktur s vhodnými mechanismy funkční činnosti.

Hlavní strukturou v každé duši je však matrice čtvrtého typu – **matrice bytostí*** (viz "Energetická struktura člověka a materii", kap. 4). Ve své konstrukci obsahuje nejen buňky. Jakákoli matrice je vytvořena podle určitých stavebních zákonů. Vše má své normy a na vše jsou kladeny určité, a musíme říct, že nejpřísnější požadavky.

Do výchozí matrice je vložen mechanismus, který duši neustále orientuje k individualitě, tedy k vytváření kvalit a struktur, které tuto duši odlišují od všech ostatních.

Jak víme z našich minulých knih, všechny počáteční matrice duše vycházejí z laboratoře Vyšších Stvořitelů stejnými, standardními. Ale protože jsou umístěny v různých vnějších formách, tato podobnost se stává nepostřehnutelnou. Jejich pozorování však umožňuje odhalit jejich charakteristickou analogii v jejich chování.

Na prvním stupni rozvoje, v identických situacích, se takové duše chovají podobně. Ale přítomnost mechanismu, který se zaměřuje na individualitu, umožňuje každé duši, dokonce i v jedné inkarnaci, oddělit se od ostatních s některými vlastnostmi, získat odlišnosti. Čím více stupni duše projde, tím více rozdílů bude hromadit a to jí umožní lépe se izolovat od ostatních a být stále více individuální.

Ale pro každou Úroveň rozvoje není individualita neomezená, ale omezená na konkrétní ukazatele a charakteristiky.

Jakákoli Úroveň je omezená. U něj se rozlišují určité druhy energií a to svědčí i o limitu jejich kombinací, variací. Například

Úroveň dvou typů energií dá čtyři typy kvalit a Úroveň tří typů energií*
dá patnáct typů kvalit. Proto duše na prvním Úrovni rozvoje nebude v
žádném případě schopna získat patnáct nových kvalit. A všechny duše
na druhé Úrovni mohou vytvořit své kvality v patnácti kombinacích.
Toto je hrubý příklad.

Ve skutečnosti má každá Úroveň rozvoje (nyní považujeme
Úroveň za svět, plán existence) velmi širokou škálu energií, proto se
může objevit mnoho kvalit, ale skutečnost jejich omezení zůstává
platná pro každou Úroveň. Takže pro mechanismus individuality v
procesu rozvoje se otevírají široké vyhlídky.

Přítomnost limitu všech možných kombinací pro každou
Úroveň však hovoří o jiné, totiž o podobnosti duší patřících do jednoho
plánu existence. Tato podobnost je jasně viditelná na pozadí
nekonečnosti samotných Úrovní rozvoje. Pro snazší pochopení lze
Úrovně zaměnit za barvy duhy. Zpočátku nabývají duše různé odstíny
červené a může jich být mnoho. Každý tón se od druhého liší a je
nezávislý, ale stejně, všechny tóny červené jsou jedné barvy a všechny
tóny modré jsou jiné barvy. Podobnost tónů, stejně jako jejich rozdíly,
jsou jasně cítit v rozmezí jedné barvy, tedy jedné Úrovně.

Každá duše tedy současně obsahuje podobnosti a rozdíly, které
poskytuje konstrukce matricc. **Mechanismus, který orientuje duši k
individualitě a osamocení, má navíc ještě jednu důležitou funkci.
Jeho povinnost je uložena v neustále orientaci duši k místu, ke
kterému je připoutána v objemuVeškerenstva.**

Veškerenstvo samo o sobě je obrovské a jeho různé části jsou
stavěny různými způsoby a nejsou všechny kvalitativně stejné.
Soukromé oblasti jsou proto naplněny dušemi různé kvality, nesoucími
na dané místo různé struktury a funkce. A mechanismus individuálního
rozvoje by měl duši orientovat k tomu kvalitativnímu zdokonalování,
které odpovídá místu, ke kterému je připoutána.

Jasněji to bude vypadat na příkladu lidského těla. Buňky jater
mají jednu strukturu, ledvin – druhou, srdce – třetí, a protože patří do
odpovídajících oblastí, musí se vyvíjet v odpovídajících kvalitách, které
jim poskytují specifickou strukturu a funkčnost. Proto zpočátku
dostávají takové programy, které je sestavují požadovaným způsobem.
Z těchto důvodů se jaterní buňka, která se začala vyvíjet v objemu jater,

již nebude moci vyvíjet a existovat v objemu ledvin, protože je kvalitativně jinak postavena a její funkce budou také odlišné. Může narušit svou funkci v soukromé zóně a sama zahyne, protože není uzpůsobena ani strukturou, ani složením svých složek, aby v takovém orgánu existovala.

Podobně jsou duše od počátku Shora orientovány kvalitou na příslušnost k určitému místu Veškerenstva. A je to právě mechanismus individuality, který to sleduje. Proto je individualita sama o sobě kvalitativně plánována ve vztahu ke kvalitám ostatních zón Veškerenstva.

Proč ale tak dlouho trvá stavba duše v laboratoři – devět kosmických let?

Za prvé, dlouho je pro člověka v jeho měrných jednotkách. Kosmický čas je jiný. Pro ty Podstaty, co si ji staví, jsou to celkem normální pojmy, jako pro člověka nošení dítě v bříšku budoucí maminky.

Za druhé, matrice se buduje dlouho, protože jako živý stav musí sama o sobě vypracovat následující funkce k automatizmu:

1. zduchovnění těch forem, do kterých je vtělená;
2. vlastní výstavba matricových buněk, kompletace nových, kdy se stávající buňky naplní požadovanými energiemi;
3. orientace na individualitu;
4. zachování trojjedinosti a její funkcí ve vzájemném vztahu.

Matrice musí ovládat zákonitosti své konstrukce v dokonalosti, tedy v absolutní podobě, aby později nebyli dopouštěné chyby.

Jelikož se jedná o věčnou konstrukci a chyby v její konstrukci a fungování jsou nepřípustné, pak kromě čtyř uvedených funkcí přichází na řadu pátá, a to:

5. matrice v sobě staví a zvládá legislativní funkci a řadu dalších spojených s věčnými procesy.

Když tedy výchozí matrice opustí laboratoř, již je dokonale ovládá. Všechny tyto funkce v ní fungují v automatickém režimu.

VLASTNOSTI TROJJEDINOSTI MATRICE

Prozkoumáme vnitřní strukturu výchozí matice, tedy nově vytvořené a mající pouze jeden vnější obal, nesoucí nějakou dobu ochrannou funkci.

Jak jsme řekli výše, všechny počáteční matrice bytostí, v tomto případě lidí, jsou standardní. Tento standard je však rozdělen do dvou typů matric, protože jsou vytvořeny dvěma způsoby. A zde také uděláme upřesnění: **tyto dva typy matric by se neměly zaměňovat se třemi typy pozemských duší. Dva typy matric jsou určeny počáteční konstrukcí, to znamená, že takové jsou vytvořeny v hierarchické laboratoři Boha, a tři typy pozemských duší jsou podmíněny průchodem rozvojových stupňů na Zemi.**

Zastavme se zatím u dvou typů počátečních duší. Mají kvalitativní rozdíly a samotná struktura je stejná, takže na tyto rozdíly v matricích prozatím zapomeňme. Obraťme se na společné v jejich struktuře.

Důležitým prvkem při stavbě matrice je její trojjedinost, to znamená, že není postavena pouze z buněk, **ale tyto buňky jsou okamžitě určeny k tomu, aby v sobě obsahovaly kladnou, zápornou a neutrální energii.**

Pro tyto účely je celá matrice rozdělena na tři části (Obr. 3). Pokud prostorově předpokládáme, že matrice je koule, pak se bude skládat ze tří různých sektorů: kladní, záporní a Řídící. Každý z nich bude svou velikostí zabírat přesně definované parametry v objemu matrice, konkrétně v počáteční struktuře bude každý sektor zabírat třetinu objemu.

Trojjedinost duše spočívá v tom, že obsahuje tři principy: kladnou, zápornou a Řídící. Toto vlastní člověku a Bohu. A v tom byl člověk stvořen k podobě Boha.

Řídící část je ústřední pro další dva sektory. Ve svém objemu kumuluje zkušenosti z kladní části i z záporní, proto v procesu počátečního rozvoje rychle roste a mění se poměr sektorů. Řídící část již po několika inkarnacích počáteční duše začíná zabírat nikoli třetinu, ale polovinu skutečného objemu matrice (Obr. 4). A do budoucna tento poměr pro něj ve vztahu k dalším dvěma sektorům zůstane konstantní.

Objem duše poroste, ale Řídící část v ní vždy zabere polovinu posledního objemu. Tato situace vede k tomu, že místo jedné třetiny (1/3) objemu připadne na podíl kladných a záporných sektorů pouze

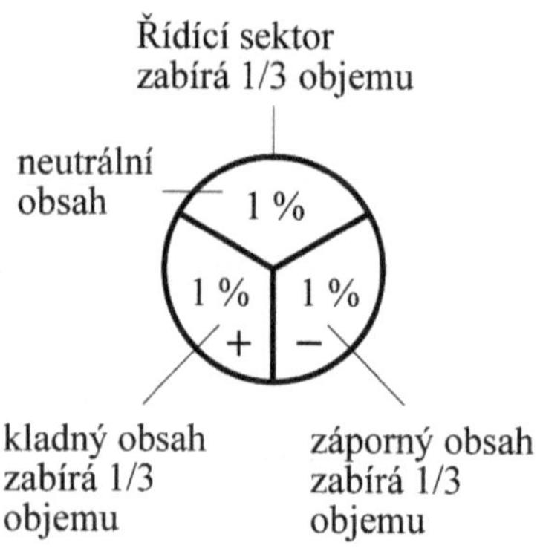

Obrázek 3. Počáteční matrice

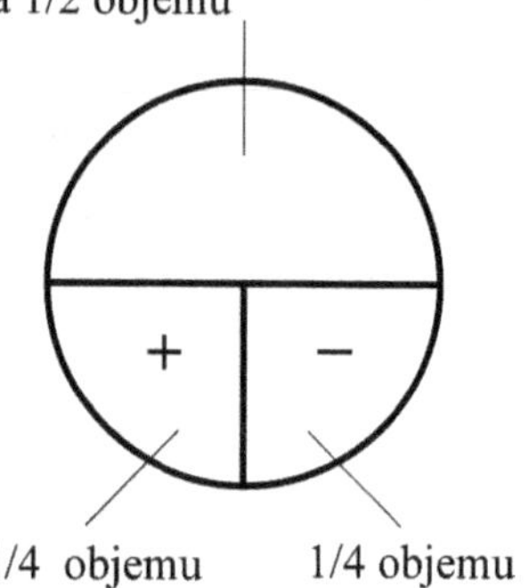

Obrázek 4. Matrice, která prošla několika fázemi rozvoje

čtvrtina (1/4).

Ale v procesu rozvoje se poměr těchto čtvrtin také neustále mění: se zvětšuje buď kladní, nebo záporní sektor. Jejich rovnováha není běžná, a pokud nastane, nevydrží dlouho.

Ale trojjedinost duše musí být zachována v každém rozvoji. Jeho porušení vede ke smrti samotné duše. Pro zachování trojjedinosti fungují v matrici konstrukční zákony, které regulují poměr opozičních sektorů.

Minimální hodnota kladné části je vždy jedno procento (1 %) z celkového objemu (Obr. 5), kterého duše dosáhla do posledního okamžiku rozvoje. I když tedy například kladná část bude po dokončení nějaké fáze zdokonalování menší než záporná, bude se ve vztahu k minulosti zvyšovat. Duše totiž neustále postupuje, což znamená, že její celkový objem roste a jedno procento z toho bude také více než jedno procento objemu dosaženého v předchozí fázi. To znamená, že kvantitativně bude jedno procento neustále přibývat.

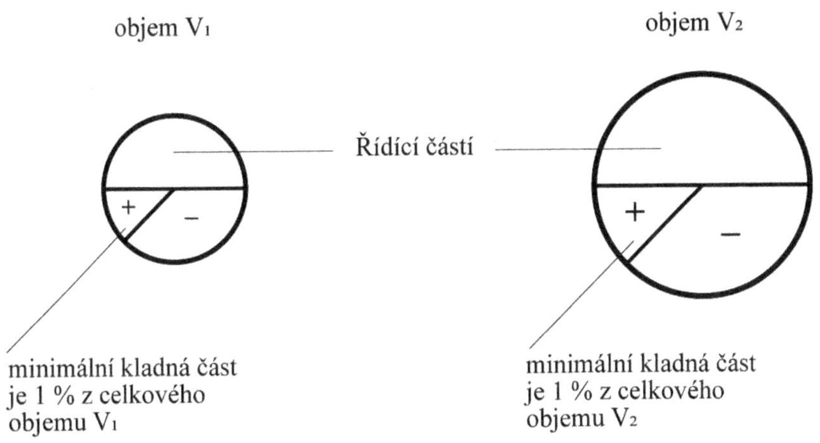

Poznámka. *$V_2 > V_1$, proto 1 % z V_2 bude více než 1 % V_1*

Obrázek 5. Růst minimální části objemu duše

Podobně se může snížit i záporní sektor na jedno procento z celkového objemu. Vždy se však jedno procento bere z přítomného objemu, a proto, jak se duše rozvíjí, bude také neustále růst v procesu svého pokroku nebo klesat v případě degradací.

Účelem zavádění kladných a záporných částí do struktury duše je vytvořit opozici jako mechanismus věčného protikladu, boje, hledání, pohybu ve zdokonalování. Přítomnost opaku brání nastálenístagnace a skomírání.

Matrice je zpočátku postavena trojjedinou, což naznačuje, že její buňky jsou v každém sektoru stavěny odlišně, protože mají obsahovat opačné typy energií.

Když se duše rozvíjí záporným směrem, k Ďáblovi, její kladní část klesá na jedno procento, a když se rozvíjí kladním směrem, k Bohu, záporní část klesá na jedno procento.

Charakteristickým rysem tohoto rozvoje je, že síla minimální části se současně do značné míry zvyšuje, protože musí odolat síle* celé protilehlé části, aby si zachovala svůj teritorium nedotčený.

Přestože tedy teritoriálně, řekněme, kladní část klesá, její síla roste a převyšuje sílu záporní části, přestože ta zaujímá větší objem.

Ale tady by se to mělo upřesnit: říkáme, že kladní část klesá, ale ve skutečnosti se děje něco jiného. Kladní část je teritoriálně umístěna a zůstává tam. A bude zabírat stejný objem. Ale v průběhu rozvoje duše záporným směrem rostou její odpovídající kvality a na jejich základě roste celý záporní sektor. A v souvislosti s tím se ukazuje, že nerostoucí kladní sektor ubývá. Ve skutečnosti zůstává velikostně stejný. Ale neustále čelí své opozici, aby si zachovala své stávající hranice, musí vybudovat svou vlastní sílu a energetický potenciál. Díky tomu se stává silnějším a mocnějším. A ze stejného růstu jednoho ze sektorů roste i celkový objem duše. To jsou rysy jejich společného rozvoje.

Primární kladní a záporní energie, stejně jako neutrální, jsou od samého počátku vloženy do vytvořené matrice, a tím umožňují duši rozvíjet se k dobru nebo zlu podle své volby. Ale soubor energií dobra a zla leží jen do určité Úrovně a výš ale člověk začíná získávat energii do buněk matrice záporného sektoru jinými procesy a činnostmi. Ve Vyšších světech chybí dobro i zlo, vše je tam postaveno jinak než na Zemi.

Na nižších Úrovních získává člověk záporní energie vraždami, hněvem, krutostí, nenávistí, šikanou druhých, chamtivostí, podlostí a tak dále. Na vyšších Úrovních – pomocí výpočetních operací, konstruování, programování, komputerizace a nadšení pro technologie, vynálezy techniky, automatismus jednání a tak dále, což ještě není dostupné pozemskému chápání.

Na Úrovních Hierarchie pojmy dobra a zla mizí, protože je tam jiná forma existence a způsob života než na Zemi. Proto na těchto plánech duše získává kladní a záporní energie pouze účastí na různých procesech.

Kladní a záporní části duše jsou na jedné straně mechanismem, který přispívá k její progresi, neustálému hledání něčeho nového v opozici od jednoho principu k druhému. Na druhou stranu je to příležitost rozvíjet se v dobru nebo zlu podle svého výběru. A také tato konstrukce umožňuje cítění přítomnosti protikladů v sobě, v druhých a ve světě kolem.

Ale co je nejdůležitější, taková konstrukce s přítomností opozice v miniatuře kopíruje strukturu onoho většího světového objemu, ve kterém duše přebývá. A v něm kladnou částí je Bůh a záporní – Ďábel. Oba jsou spolu ve věčné konfrontaci a zároveň spolu tvoří jeden celek. To znamená, že duše opakuje objem světa ve své struktuře. Ale vzhledem k tomu, že je vůči němu v počátečním stavu, zatím v ní funguje minimum věčných procesů, které si ale vybuduje a rozvine později, jak bude procházet vývojovými fázemi.

Zde je důležité poznamenat, že **matrice je zpočátku potenciálně vypočítána pro konstrukci v ní věčných procesů v globálním měřítku.**

VZHLED MATRICE

Pokud mluvíme o vzhledu matrice, její formě, pak se jedná o trojrozměrnou konstrukci, objemovou, připomínající plástev. Tato forma je pro člověka nejsrozumitelnější, i když její struktura je samozřejmě mnohem složitější, ale zatím si uvědomíme její zjednodušené formy (Obr. 6).

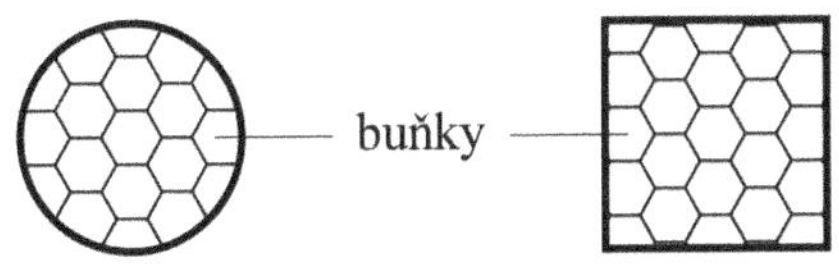

Obrázek 6. Objemové matrice (obrázková schemata)

Původní matrice mají stejnou konstrukci a vzhled, to znamená, že jsou standardní a obsahují stejný počet buněk. (Hovoříme pouze o maticích lidské duše.) Všechny buňky v nově vytvořených matricích jsou prázdné, do matrice je sice vloženo jedno procento počátečních energií, ale vztahují se k základnímu fundamentu duše, jsou zahrnuty do její konstrukci, proto se s nimi nepočítá.

Říkáme – "Buňky jsou prázdné", protože jim chybí energie nashromážděné samotným jedincem. Začínají se vyplňovat až v procesu procházení matricou fázemi rozvoje. Plnění se provádí energiemi určité kvality nastavené programem. To znamená, že matrice přijímá jakékoli energie ne libovolně, ale přísně definované, nezbytné pro první fáze rozvoje.

Každá fáze předem plánuje, jaký typ energie z možných by měla generovat duše. Nashromažďování energií vždy jde od nízkých k vysokým Úrovním.

Buňka matrice není jen objem pro plnění, ale je to komplexní mechanismus, který funguje přísně specifickým způsobem. Udržuje požadované prostředí v daném objemu buňky a tvoří v ní všechny potřebné konstrukce z materiálu přicházejícího zvenčí (z energie).

Každá buňka má svůj vlastní výpočetní systém, který automaticky řídí číslné operace. Ale i když říkáme, že všechny buňky jsou standardní, pokud je duši dán rozvojový program, pak každá buňka obdrží svůj vlastní program prostřednictvím numerických výpočtů, to znamená, že buňka obdrží svůj kód a číslné charakteristiky, které řídí její plnění potřebnými energiemi, vypočítávají nashromáždění* a případné změny v ni.

Čísla mají velký význam v její struktuře a všech změnách, protože konstrukce matrice, stejně jako její další rozvoj, vyžaduje velkou přesnost. Proto k procesům vlastní výstavby a nashromáždění dochází na základě látky, která se zabývá všemi potřebnými výpočty a výpočty v matrici. Ovládání kvantitativní stránky duše je stejně důležité jako kvalitativní. Kvantitativní ukazatel umožňuje určit, který proces nebo kvalita se teprve začíná budovat a který končí.

Buněčný kód ji orientuje na množství energie specifické kvality, kterou v sobě musí nashromáždit a na základě těchto nových přírůstků vybudovat určité mechanismy, procesy, struktury potřebné pro realizaci svých (buněčných) funkcí.

Buňka má složité struktury. Ale právě díky neustálému počítání přicházejících energií (nebo naopak klesajících při degradaci) se buduje konkrétní kvalita a dochází k jejímu přechodu z jedné Úrovně do druhé. Dokud kvalita kvantitativně nezvedne potřebné ukazatele, nebude dokonalá. A jelikož se náplň buňky neustále mění, mění se i její kód, protože vyjadřuje množství energie, které odpovídá plnému zaplnění jejího objemu, tedy vyjadřuje, kolik energie zbývá nashromáždit k dokončení stavby této určité kvality.

V počáteční fázi rozvoje matrice kód ukazuje, kolik energie určité kvality by měla buňka nashromáždit na dané Úrovni.

Všechny nashromáždění jsou nutné k vybudování mechanismu pro fungování kvality uvnitř buňky. A když jeho hodnoty v daném objemu začnou odpovídat tomuto kódu, jeho hotové hodnotě, kód odešle signál do Řídící části, aby matrice začala vytvářet další buňku.

Číselné charakteristiky matrice se neustále mění, jak je tomu ve věčném procesu zdokonalování*. Proto se v jednom rozvojovém stádiu všechna čísla a kódy, které jsou ji vlastní v prvním stádiu existence, zcela změní. (Ty nejdůležitější, které orientují duši na obrovské cykly rozvoje, se nemění). Takže celkový kód duše, který je jí dán na jeden život, na začátku její inkarnace ve světě a na konci jejího pobytu v něm se mění.

V jakékoli buňce matrici se hromadí homogenní energie, na jejímž základě se buduje určitá kvalita vlastní této Úrovni. Každá fáze rozvoje nutně přidává osobnosti nové kvality. Ale pokud energie buduje kvalitu, která má své vlastní ukazatele, pak se každá buňka stává také nositelem fyzických vlastností. Shromážděním energie v buňce vzniká celkový energetický potenciál* a výkon. Všechny buňky v seskupení také sčítají tyto ukazatele, které nezávisí na typech energií, ale závisí na počtu jejich nahromadění a na jejich Úrovni.

Ve dvou různých buňkách se stejným množstvím energie nízké a vysoké Úrovně překoná buňka s vysokými typy energií svým výkonem a energetickým potenciálem buňku s energiemi nízké Úrovně.

A protože všechny energetické charakteristiky kvalit jsou různé, celkový objem matrice je uvádí do úrovňového souladu, dokud nedosáhnou své dokonalosti a nepřejdou do automatického režimu působení.

Matrice v sobě buduje vlastnosti, které charakterizují jednotlivce jako osobu*. Ale matrice má řadu vlastních vlastností, které ji charakterizují jako fungující strukturu. Takže například s ohledem na člověka můžeme vyzdvihnout vlastnosti jeho charakteru a zároveň hodnotit kvality jeho kostry. Budou to různé charakteristiky, i když obě odkazují na stejnou osobnost. (Musíte neustále dělat takové pojmové rozdíly, abyste se vyhnuli zmatkům)*.

Proto vlastnosti vytvořené v buňkách charakterizují osobnost člověka, jeho "já", ale nevztahují se k samotné matrici. Má řadu svých individuálních vlastností. Jedním z nich, který je obzvláště důležitý, je její schopnost budovat se. Tento mechanismus je také zpočátku položen a následně formován do složité kvality sebestavby.

Když se zaplní základní, prázdné buňky počáteční matrice, vypočítané pro konkrétní období rozvoje, aktivuje se mechanismus sebestavby. Matrice začíná budovat nové buňky pro následující kvality (o tom si povíme podrobněji později). Ale mechanismus sebestavby, pracující ve spojení s mechanismem orientace na individualitu, začíná tvořit nejrozmanitější konfigurace* matric.

Čím více procházejí rozvojovými fázemi, tím více se od sebe liší vnějšími formami a vnitřní strukturou. Rozvinuté matrice tedy již mohou mít následující vnější konfigurace "A" (Obr. 7), kdy výchozí struktura vůči nově připojeným může zaujímat libovolnou pozici "C", a nemusí nutné být někde v její středu.

Specifikované konfigurace ("A") jsou matrice, které jsou v procesu zdokonalování. Ale jelikož se duše neustále zdokonaluje, pak se neustále mění i její konfigurace. Celková podoba těchto konfigurací je ovlivněna volbami provedenými člověkem v programu. Dává přednost jednomu směru rozvoje, pak jinému, aniž by tušil, jak to ovlivňuje stavbu buněk v matrici.

Protože je však rozvoj stále řízen Shora, konfigurace se následně upravují do požadovaných forem. V počátečních fázích jsou konfigurace odlišné ("A", Obr. 7), uprostřed průchodu pozemskou Hierarchií se již začínají vyrovnávat ve formě a v době, kdy zemský cyklus skončí, mají všechny harmonickou formu ("B", Obr. 7), která se liší pouze kvalitativním obsahem.

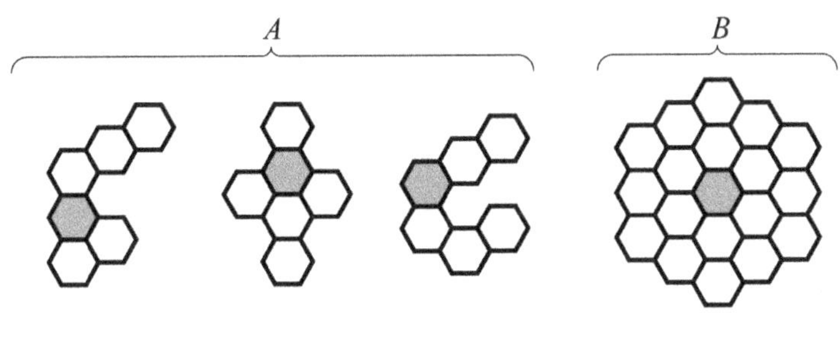

Legenda:

⬡ — *nově vybudované buňky;*

⬢ — *počáteční matrice s primárními buňkami;*

A — *matrice na začátku Úrovně rozvoje;*

B — *matrice na konci Úrovně rozvoje.*

Obrázek 7. Vnější vzhled matric

V každém případě každá Úroveň rozvoje předpokládáto, že jednotlivec získá složení energetických kvalit, které jsou pro něj Shora předem určeny, proto **když se duše přiblíží k horní hranici Úrovně, vyrovnají se výrazné rozdíly v jejich konfiguracích.**

Rozdíly znovu začínají růst mezi dušemi, které přešly na vyšší Úroveň. Do jeho poloviny se opět zvětšují (typy konfigurací "A") a po jeho překročení se rozdíly začnou zmenšovat (konfigurace "B"). A tak – na každé Úrovni. Je třeba poznamenat, **že jak se Úroveň stoupá, zvětšují se rozměry samotných buněk.** Jsou stále větší a větší. Jejich velikosti podle Úrovní se liší. Rostou také ukazatele a jejich síla.

Mechanismus sebestavby tedy hraje důležitou roli při konstrukci matrice a změnách její konfigurace.

Kapitola 4
ŘÍDÍCÍ ČÁST DUŠE

Člověk nikdy nevěděl o přítomnosti Řídící části v jeho duši. Pokud v sobě cítil opoziční sektory duše jako nějaký bolestivý boj mezi "chci" a "nesmím", pak za Řídící část vždy počítal svou fyzickou konstrukci – mozek. Mnoho vědců ho neúspěšně zkoumalo a přisoudilo mu ty funkce, které patřily Řídící části duše.

Člověk je schopen existovat za určitých podmínek bez mozku, aniž by ten naplňoval lebku. Historie takové případy zaznamenala. Vyšší opakovaně prováděli experimenty, kdy člověk, u kterého po smrti nenašli v lebeční konstrukci fyzický mozek, mohl žít zcela normálně mezi svými druhy. Ale jeho život byl samozřejmě jednoduchý a omezený jen na každodenní sféru, neprožíval žádnou mentální zátěž.

Vědci se takovým případům divili, ale nedokázali vysvětlit, jak se člověk bez mozku mohl v klidu vypořádat s každodenní stránkou života.

Ale pokud vezmeme v úvahu, že duše má Řídící část a je jí dán program pro jednu inkarnaci, pak se život takového "bezmozkového" jedince již nezdá jako zázrak a něco neuvěřitelného. A když k tomu přidáme, že člověk je schopen myslet pomocí astrálních a mentálních obalů, tak se jeho možnosti žít bez fyzického mozku rozšiřují. A je třeba poznamenat, že astrální myšlení funguje u malířů, hudebníků, umělců. Mentální myšlení funguje u filozofů, vynálezců, matematiků, fyziků a dalších intelektuálů.

Nesmíme zapomínat na fakt, že v jemnohmotném plánu se lidské duši dobře daří i bez fyzického mozku. Je nezbytný v materiálním světě pro vnímání materiálního prostředí, kontrolu nad činností svého fyzického těla v něm. Ale mozek dostatečně nepřispívá k rozvoji lidského intelektu, protože k tomu je nutné, aby astrální a mentální energetická těla, jakož i matrice pojmů a slov, byly vyvinuty požadovaným způsobem. Celková stupeň jejich rozvoje vytváří lidskou inteligenci. Ale nelze upřít ani roli fyzického aparátu myšlení. Přimět člověka přemýšlet a naučit ho myslet bez pomoci fyzického mozku není tak snadné. To poslední pro nás vypadá zatím absurdně.

Celý rozvoj člověka však spočívá právě v tom, aby se vzdálil fyzickému aparátu myšlení a naučit ho myslet matrici. To je hlavní cíl zdokonalování duše. Její shromažďování kvalit v buňkách matrici nestačí. Aby se duše mohla přesunout do věčné existence v energetických světech, musí myslet matrici. Z tohoto důvodu je matrice zpočátku vytvořena jako trojjediná a jeden její sektor je přiřazen k Řídící části.

Standardní matrice vycházející z laboratoře však ještě nejsou schopné myslet, a proto Řídící část ještě dlouho nebude schopna plnit funkci myšlení, ačkoliv je schopna řídit procesy uvnitř duše díky počátečnímu legislativnímu základu. Během mnoha fází rozvoje bude muset získávat zkušenosti, budovat se určitým způsobem.

Pomocí fyzického mozku a programu žije člověk v každodenní sféře bez obtíží, a jak jsme psali dříve, schopnost mluvit je brána jako schopnost myslet. Přestože, když ho donutíte vyřešit nějaký matematický nebo logický problém, vysvětlit jeho sociální postavení nebo jakýkoli přírodní jev, dostane se do slepé uličky nebo nese úplnou absurditu.

Velmi dlouho člověka učí schopnosti myslet. Pokud jeho duše prošla živočišným stádiem s odkazem na první typ duší (živočišný typ duší), pak jeho matrice pojmů již získala nějaké představy o tomto světě, ale jsou na nízké Úrovni. A pak duše potřebuje získat představy vyšší Úrovni prostřednictvím existenci v lidské podobě.

K tomu je duše spojena s mentálním obalem a program je strukturován jinak než u zvířete. A samotné duši jsou předem dány některé pojmy lidského způsobu existence, na jejichž základě vede další rozvoj daným směrem.

Duše, které jsou stvořeny druhým způsobem, to znamená, že začínají rozvoj bezprostředně od lidského stádia, mají vědomí a schopnost myslet v matrici, ale v počátečním stavu. V budoucnu však se rozvíjejí rychleji a zvyšují svou inteligenci rychleji než živočišný typ duší. To znamená, že rychlost rozvoje u dvou typů duší: zvířat a pozemských – je odlišná, totiž u druhého typu se myšlení vyvíjí rychleji. Ukazuje se tedy, že takové pro nás známé myšlení není vůbec jednoduché. Zdá se nám, že v dětství, jakmile jsme se naučili mluvit, naučili jsme se myslet. Ale ve skutečnosti musí duše někdy projít tisíci životy, aby zvládla běžné mentální myšlení, vybudovala v sobě potřebné procesy, které odpovídají funkcím myšlení. A v tomto případě si člověk vyvine centrum-mozek v mentálním energetickém těle. Předtím si však musí vyvinout centrum-mozek v astrálním energetickém těle. A jejich vývoj probíhá prostřednictvím různých procesů astrálního plánu.

Srovnejme umělce a zpěváka, kteří myslí astrálním centrmozkem, s fyzikem nebo filozofem, kteří zkoumají hluboké procesy materii. Je jasné, že kvalitativní orientace jejich myšlení je odlišná: jedni budou myslet astrálním energetickým tělem, druzí mentálním, což hovoří o nestejných Úrovních jejich rozvoje. Všechno trvá dlouho, lépe řečeno, mnoho životů.

Člověk naší páté rasy byl schopen ovládnout pouze mentální typ myšlení a nemá ponětí o jiných typech: duchovním, matricovém, číselném, světelném a dalších, ležících nad pozemskou rovinou.

Aby se duše naučila myslet matrici, což je pro člověka primární cíl, bude muset podstoupit zdokonalování v šesté a sedmé civilizaci Země. Bohužel, ani jeden pozemský člověk dosud nevyvinul matricové myšlení. K tomu potřebuje vybudovat své vědomí a podvědomí požadovaným způsobem.

To vše svědčí o tom, že Řídící část lidské duše již velmi dlouho pracuje ne samostatně, ale díky programům, které pro ni Vyšší vyvíjí. Zpočátku pomocí umělých mechanismů rozvíjí vlastnosti, které potřebuje, a buduje se, jak má. A když všechny konstrukce dosáhnou absolutního stavu, pak přejde do režimu samostatného řízení.

Vraťme se ale přímo k Řídící části. Protože se jedná o řídící strukturu, musí vše provádět na zákonném základě a zajistit, aby ve svěřeném objemu (živé formě) bylo vše prováděno přísně podle pravidel a norem působících v oblasti daného Boha. Proto je úložištěm všech zákonů rozvoje duše. Určuje zákony budování uvnitř duši a zákony rozvoje osobnosti.

Řídící část pouze v počáteční matrici je neutrální. Ale již od prvního stupně rozvoje se začíná naplňovat kladnými či zápornými energiemi, a proto se její kvalitativní struktura v průběhu progrese neustále mění směrem nahoru.

Vývoj Řídící části je realizován z důvodu růstu opozičních částí matrice. Děje se to následujícím způsobem. Když kladní část duše dělá kvalitativní shromažďování, pak přenáší nejvyšší typ energií do Řídící části v určité kvalitě a kvantitě (Obr. 8). Mezi množstvím energie shromážděné kladným sektorem a množstvím energie přenesené do Řídícího sektoru existují specifické poměry velikosti.

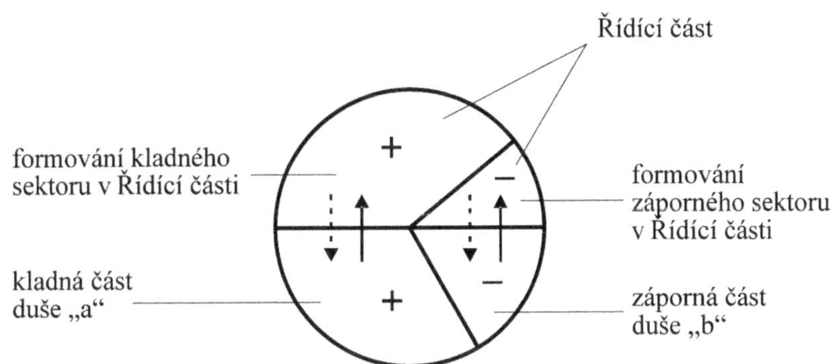

Legenda:

⟶ — *převod energií do Řídící části;*

····▶ — *vysílání příkazů do příslušných částí duše.*

Obrázek 8. Rozvoj matrice

Primární roli ale hraje kvalita energie. Dá se říci, že vše nejlepší a nejvyšší, co splňuje Úrovňovým normám, se přenáší do řídících struktur. **Pokud energie nesplňuje požadované ukazatele, pak nepostoupí do Řídícího sektoru.**

Záporní část duše provádí přesně stejný přenos svých energií do Řízení. Přenáší do ni také jen to, co kvalitativně odpovídá požadavkům její druhů energií. A to budou úplně jiné požadavky, nebo spíše opačné. Do Řídícího sektoru se nic nekvalitního nedostane.

Člověk prochází nižší, střední, vyšší Úrovní rozvoje a každá má své vlastní požadavky. Na jakékoli úrovni si jednotlivec musí vypracovat normativní kvality, kladní nebo záporní, a tyto vlastnosti přenesou do Řídící části určité procento svých energií z nejvyššího rozsahu.

Ale kromě toho, že Řídící část je postavena na nahromadění získaných od opozičních částí, dělá sama určitou práci, která jí umožňuje osobní shromažďování. Jeho růst tedy zajišťuje taková trojice nových přírůstků energií. A jelikož kladní a záporní sektory duše "a" a "b" (Obr. 8) mají pouze jeden typ akumulace, roste ve srovnání s nimi třikrát rychleji. Jeho energetický potenciál a síla se ztrojnásobí.

Rychlý růst přispívá k tomu, že tento sektor začíná zabírat polovinu objemu duše. Jestliže v původně stvořené duši zabíral tento sektor pouze jednu třetinu jejího objemu, pak s následným rozvojem bude zabírat vždy polovinu současného objemu a tento poměr bude i nadále různými způsoby, ale pravidelně udržovat. A to je základ struktury duše.

Je však třeba upřesnit, že každý z protilehlých sektorů duše (sektory "a" a "b") nepřenáší své nahromadění do Řídící části okamžitě a ne v jakémkoli množství. Energie přenášené výše podléhají zvláštním normativním požadavkům, protože musí splňovat specifické vlastnosti a budovat přikazující funkce. Proto kladné nebo záporné části nejprve akumulují potřebné energie, aby dosáhly standardních hodnot. A když požadovaná kvalita nabude normativních numerických charakteristik stanovených pro danou Úroveň rozvoje, pak se minimální procento ze získaných nahromadění přenese do Řídící části. Minimum proto, že je nejkvalitnější a hromadí se kousek po kousku a velmi dlouho, dochází k dlouhému třídění.

Stavba libovolných kvalit v buňkách matrice opozičních sektorů ("a" a "b") a Řídící části je založena na hierarchických zákonitostech, což je vyjádřeno v úrovňové stavbě kvality. Když se tedy energie z kladní nebo záporní části přesunou do Řídícího sektoru, pak všechny tyto energie budují mnoho Úrovní určité kvality, dokud nedosáhne své dokonalosti, tedy absolutního stavu. Každá kvalita v Řídící části buduje svou vlastní Hierarchii a dosahuje svého Absolutna (Obr. 9).

Ale ačkoliv tento sektor zabírá polovinu objemu duše a

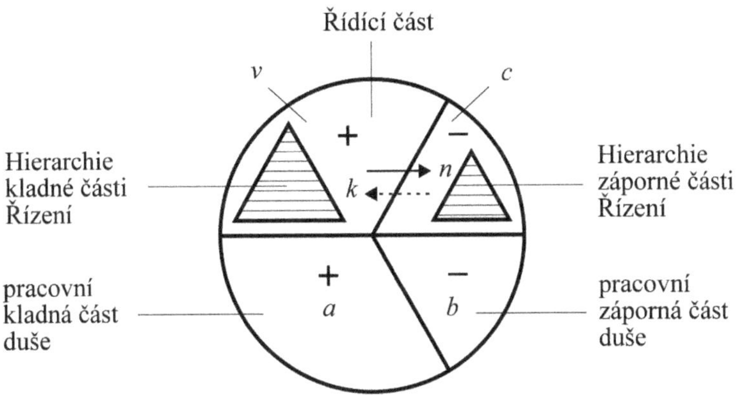

Legenda:

— vnitřní vazby mezi sektory Řídící části.

Obrázek 9. Budování Hierarchií v Řídící části duše

nenaznačujeme, že se dělí na nějaké protiklady, jsou zde také.

Kladní energie, které sem vstupují, se nemísí s přicházejícími zápornými energiemi, ale oddělují se do svých vlastních objemů – "b" a "c", to znamená, že budují samostatné Hierarchie související s řídícími strukturami. Ale vztah mezi nimi je jiný (spojení "k", "n") než mezi kladnými a zápornými sektory duše spodní části ("a", "b").

V Řídícím sektoru vše funguje na základě nejpřísnějšího dodržování zákonů. Zde není volba, je zde pouze přísné dodržování zákonů.

Udělejme nyní krátké zobecnění.

Řídící sektor je postaven z energií nejvyšší kvality vlastní každé Úrovni rozvoje. V Řídící části jsou kladní a záporní Hierarchie. Každá kvalita související s řízení si zároveň buduje svou vlastní Hierarchii, což znamená, že v dokonalosti dosahuje absolutního stavu, po kterém přechází do automatického režimu působení. To znamená, že tato vlastnost začne jednotlivce ovládat automaticky, navzdory jeho vůli a přání. Proto je tak důležité, aby člověk dosahoval nejvyšších výsledků v jakékoli činnosti.

Obraťme se nyní k vědomí a podvědomí a zamysleme se nad tím, k jaké části duše odkazují.

Pro člověka s materiálním mozkem hraje hlavní roli v myšlení a dalších činnostech vědomí a podvědomí. Ale ať se to zdá jakkoli podivné, **vědomí nevstupuje do Řídící části duše, je pomocným prvkem na cestě rozvoje myšlení.** Vyžaduje se pouze, aby člověk nashromáždil určité vlastnosti, které pak přecházejí do matrice podvědomí. To znamená, že **matrice vědomí připravuje kvalitní materiál pro matrici podvědomí**, protože člověk se dopouští mnoha chybných činů, v jejichž důsledku vznikají dočasné, nedokončené kvality, které nemohou přejít do matrice podvědomí kvůli nedostatku určitých ukazatelů potřebných pro proces výstavby.

Připomeňme si, jak se člověk chová. Často začne něco dělat a pak toho nechá; naučí se nejprve jedno, pak něco jiného. Potom nechce jak jedno, tak i druhé. V důsledku toho vzniká něco neúplného, co se ukládá do matrice vědomí. A pokud následně nějaká kvalita není dovedena k dokonalosti (proto je člověku dán jeden nebo několik životů), tedy do stadia automatismu, pak zmizí z matrice vědomí, která vyhazuje ze svého základu vše, co nesplňuje normativním požadavkům stavby.

A pouze kvality, které jedinec vypiluje k automatismu, spojením teoretických znalostí s praxí, se přesunou z matrice vědomí do matrice podvědomí, kde začnou pracovat v automatickém režimu, protože jsou stavěny na požadovanémlegislativním základu.

V jedné z našich knih (Osobnost a věčnost) jsme napsali, že matrice vědomí takříkajíc zahaluje matrici podvědomí. Proto může vyvstat otázka – jak je tedy možné, že podvědomí je zahrnuto do Řídící části a vědomí nikoli? V tomto případě nemáme na mysli jejich územní umístění, ale jejich funkční. V Řídící části totiž existuje mnoho pomocných struktur a mechanismů, které nepřísluší samotnému řízení, ale jsou pomocné pro realizaci základních funkcí. Stejně tak matrice vědomí, územně vstupující do Řídícího sektoru jako pomocná struktura, neplní funkci legislativního základu a nevztahuje se tedy na řízení samotné.

Hovoříme-li o vysokých plánech, pak jak se jedinec přesouvá do Hierarchie Boha, vědomí ztrácí aktuálnost a stává se nepotřebným, jelikož Vyšší Podstaty mají jiný systém poznání a jsou schopny okamžitě sjednotit teorii s praxí. Proces myšlení a uvědomování si okolí je u nich jiný než u lidí. To znamená, že matrice vědomí je vyžadována na nižších stupních rozvoje, a protože se jedná o dočasný prvek, nemůže vstoupit do Řídící části duše – věčné konstrukci.

A naopak, **matrice podvědomí je zahrnuta do Řídící části duše, ale není v ní hlavní konstruktivní formou, protože se v procesu rozvoje formuje později než jiné matrice**. A zde vychází najevo nuance budování vědomí a podvědomí:

ačkoli jsou ve své práci úzce propojeny, jedno z nich (podvědomí) odkazuje na řídící strukturu a druhé (vědomí) je pomocná konstrukce potřebná k vytvoření vysokých kvalit v jiné struktuře.

Řídící sektor je legislativní částí; a v něm jsou zpočátku stanoveny všechny potřebné zákony, kterými se řídí vývoj duše v prvních fázích rozvoje. Řídí pravidla budování duše v počáteční fázi jejího rozvoje. A následně jsou díky samotnému procesu rozvoje postupně obohacovány o nové legislativní základy vyšších Úrovní. Řídící část proto od původně Shora stanovených legislativních základů postupně přechází k vývoji vlastních zákonů, které nutně získávají osobitost spolu se zachováním společného základu. (Takže například člověk, který má pro jiné lidi společnou formu* existence, je individuální a odlišný od ostatních. Tato tendence přetrvává i při formování zákonitostí v matrice duše.)

Řídící část duše neřídí jednání člověka, ale procesy, které se vyskytují ve všech energetických strukturách duše, ve všech matricích, jejich buňkách, obalech.

Diktuje výstavbu energetických kvalit (a ty už diktují styl chování), nastavuje posloupnost prováděných operací, hlídá kvalitu stavby a odmítání toho, co neodpovídá standardům věčných konstrukci. Práce této části je pečlivá, přesná, nemá právo na chyby, protože sebemenší vada ve stavbě matric může vést k jejich zničení. Je nemožné popsat lidskými pojmy všechnu tu obrovskou práci, kterou tato část duše vykonává.

Proč ale říkáme, že Řídící část neřídí jednání člověka?

Všechny činností související s chováním a pohyby člověka jsou mu přiděleny programem. Jsou dány situace, ve kterých je veden životem programem, a pokud si v něčem vybere, pak na základě nějakých rozvinutých pojmů a vlastností duše.

Pokud se duše nespojí s programem, pak vůbec nejedná a nemůže něco udělat, i kdyby chtěla. Duše bez programu je nejčastěji v ospalém stavu. Mluvíme o nižších Úrovních duší.

Vezmeme-li duše lidí vyšších Úrovní, pak jsou neustále ve spojení s jakýmkoli programem, který nastavuje hranice jejich jednání a samotných činností. Proto je například během života člověk v jedněch situacích a činnostech a po smrti v jiných. Zároveň je zablokována jeho paměť, to znamená, že život podle jednoho programu* je oddělen od života podle jiného programu uzavřením paměti, což se děje pro čistotu experimentu a rozvoj vysokých kvalit duší.

V tomto tématu mluvíme o úloze programu v rozvoji lidské duše, protože ani Řídící část, ani rozvinuté podvědomí nejsou schopny donutit člověka, aby v životě něco dělal bez programu. Řídící část však vede duši při realizaci programu, o kterém má duše své vlastní zákony.

Životní program je člověku dán na jednu inkarnaci a je umístěn do jedné z tenkých obalu (kauzální), ale zároveň se spojuje s Řídící částí duše, která ve vztahu k něj plní ty pověření, které jsou předem určený pro ní Shora.

Řídící část využívá nabytých kvalit podvědomí a současného programu života duše a spojuje je v oblasti činnosti, která má zajistit její progres.

Řídící část v rozvoji duše začíná svou práci jako první. Tato práce je zdokonalováním na základě přesného naplnění zákonů tohoto Absolutna. Zpočátku obsahuje všechny jeho zákony v plné sadě a diktuje je kladní i záporní částem duše, které jsou jejich vykonavateli. Ona také řídí procesy v jemnohmotných obalech duše.

Jak se duše rozvíjí, k práci počáteční Řídící části je připojeno podvědomí a poté rozum (poté, co ho člověk zformuje a bude moct myslet bez fyzického mozku). Ale podvědomí a rozum rozvíjí samotná duše, dalo by se říci, tvrdou prací. A to vyžaduje hodně životů.

Práce Řídícího sektoru je založena pouze na automatických procesech. Měli by se však rozdělit: (do určité Úrovně rozvoje) některé z nich, nebo spíše jedno procento (1 %), jsou vloženy do matrice duší zpočátku, když je stavena v laboratoři na Vyšších plánech Hierarchie Boha a zbytek se tvoří v dalších rozvojových procesech.

Na rozdíl od takovéto duální stavby Řídící části se matrice podvědomí formuje výhradně díky životní zkušenosti duše, i když i v ní jsou všechny procesy převedeny do stálého automatického režimu. Hlavní však zůstává, že Řídící část a podvědomí jsou samostatné nezávislé struktury, které spolu úzce spolupracují. Matrice podvědomí bude hrát důležitou roli v matricovém myšlení člověka, když si ho vybuduje sám.

Navíc, jak se jedinec rozvíjí, ty konstrukce a procesy, které přecházejí do trvalé formy existence, to znamená jsou budovány jako věčné struktury, se také začínají vztahovat již k Řídící části.

Stálé procesy podvědomí se přenášejí do řídícího základu duše, proto podvědomí začíná řídit chování člověka poté, co dosáhne určité Úrovně rozvoje. Pokud například člověk v minulosti nashromáždil vysoké mravní vlastnosti, pak nepropadne žádné nízkosti, vše vulgární a nemorální ho automaticky odradí. To naznačuje, že odpovídající zákony jsou v něm již zabudovány a automaticky ho řídí.

Kapitola 5

CO JE VĚČNÉ A NEVĚČNÉ VE VĚDOMÍ A PODVĚDOMÍ

Tématu vědomí a podvědomí jsme se již částečně dotkli výše. Podívejme se nyní podrobněji na jejich strukturu a rysy vztahu s jinými strukturami duše.

Tyto konstrukce jsou obsaženy v matrici lidské duše a jsou pro ni tím nejdůležitějším základem pro vnímání okolního světa a sebe sama v něm. U člověka se vědomí "probouzí" nikoli od okamžiku narození, ale od okamžiku, kdy si v dětství začne uvědomovat sám sebe jako něco odděleného od okolního světa. A podvědomí je pro něj strážcem paměti minulého životu a instinktů, tedy chování vyvinutého v minulosti, založeného na práci získaných vlastností. V zásadě člověk propojuje jejich činnost s fyzickým mozkem, nervovým systémem, mentálním, čili to vše podle jeho názoru vychází z funkcí materiálního těla.

Ale ve skutečnosti vědomí i podvědomí patří ke konstrukcím jemnohmotného planu, prostému oku neviditelného. Vědomí a podvědomí jsou obsaženy v matrici duše a jsou jedním z jejích hlavních prvků ve fázi rozvoje pozemské existence člověka. Mají speciální strukturu navrženou pro specifické funkce.

Sice říkáme, že existuje matrice vědomí a matrice podvědomí jako samostatné struktury, ale jedná se o podmíněné rozdělení celkové složité struktury, kterou představují. Vše se prolíná. Jedno je umístěno určitým způsobem vůči druhému a funguje současně odděleně a zároveň společně, pohromadě. Nervový, oběhový a lymfatický systém, které jsou samostatnými strukturami a mají své vlastní rozvojové cíle, se tedy nacházejí v lidském těle více složitě, ale pracují společně v jediném organismu. Jejich umístění si lze představit, protože fyzické tělo člověka je již dostatečně prozkoumáno. Je obtížnější si představit všechny konstrukční rysy konstrukce jemnohmotných objemů a systémů, které tvoří duši. Proto zatím musíme uvažovat o jejich práci a struktuře odděleně od sebe.

Je však třeba pevně pochopit, že vědomí a podvědomí nepatří k hrubé materie člověka, jsou vyňaty z hranic jeho materiálního těla. Ale protože jsou s ním spojeni, řídí jeho činnost a projevují se v tomto světě skrze tělo, tak to člověk samozřejmě bere za funkce fyzického organismu, zejména materiálního mozku. Ale nyní je čas pochopit, že vědomí a podvědomí existují mimo hrubou hmotu. Patří k samotné duši a jsou skryty za dočasnými a trvalými obaly.

Když člověk zemře, vědomí a podvědomí opustí tělo spolu s duší. Nechají ho rozkládat, oni sami nadále existují mimo něj. Někteří lidé se proto po stavu klinické smrti vidí zvenčí a pozorují, co se děje s jejich tělem. Vědomí člověka je v tuto chvíli nad tělem, protože duše, která z něj vylétla, je v sobě obsahuje. Fyzický mozek si přestává něco uvědomovat a chápat a duše, která opustila tělo, dál pozoruje jeho materiální obal shora.

Okamžik odchodu duše je již schopné zachytit objektivy některých fotoaparátů a filmových kamer. Na citlivém filmu je vidět, jak se z těla vynořuje mlžný mrak.

Opět je zde potřeba upřesnit, že pokud se jedná o nízkého jedince s nízkým energetickým potenciálem duše, tak kamera takovou duši nezaznamená, protože dává velmi malou záři. Pokud je jedinec vysoce vyvinutý a jeho energetický potenciál je vysoký, pak se jeho duše ve filmu dobře odrazí. Takže stupeň rozvoje duše ovlivňuje obrázky různými způsoby.

Pokud mluvíme o průměrných duších, které jsou schopny zaznamenat kamerou, pak je u nich patrná následující tendence: duše, která během předchozích fází rozvoje vytvořila velké nahromadění energie, bude zářit jasněji, proto bude vypadat zřetelněji na filmu než duše, která nahromadila méně energie.

Dalším znakem vysokých jedinců (poslů a misionářů) je rychlost, jakou duše opouštějí tělo. Velmi vysoké duše s obrovským energetickým potenciálem vylétají z hrubohmotného obalu tak rychle, že je kamera nestihne zaznamenat. Rychlost takových duší přesahuje rychlost reaktivních letadel. Materiální prostředí je pro ně příliš hrubé, a tak z něj vyskakují jako balón z vody, ale mnohem vyšší rychlostí.

Je-li jedinec středně vyvinutý, pak jeho duše, když opustí tělo, je schopna hodně vidět a cítit, aby po opuštění těla mohla udělat nějaká vlastní pozorování. A důvod je v dostatečném rozvoji jeho matric vědomí a podvědomí.

Titíž lidé, kteří po klinické smrti neprovádějí žádná pozorování, nic nevidí a neslyší, mají nízkou úroveň rozvoje. Jejich matrice vědomí a podvědomí ještě neudělaly potřebné nahromadění a nejsou schopny samy pracovat, takže se buď automaticky vypnou, nebo vidí nějakou šeď, mlhu, ve které nejsou schopny ničemu rozumět.

Miminko také vidí hodně kolem sebe, ale není schopno si uvědomit, co ho obklopuje, dokud nedosáhne určité fáze osvojování lidských pojmů. To znamená, že slepota ve fyzickém a jemnohmotném světě je důsledkem nedostatečného rozvoje duše, a zejména matric vědomí a podvědomí.

Navíc u většiny nedostatečně rozvinutých duší převládá hned po smrti automatické vypnutí vědomí. Toto bylo zavedeno, aby chránilo duše před tím, co si myslí, že je hrozné a co v této fázi existence nejsou schopny pochopit. **Dojmy duší nemohou být stejné, protože jsou v různých fázích rozvoje.** A vědomí okolního světa do značné míry závisí na Úrovni duše.

Když se někdo podělí o své dojmy z toho, co viděl v jemnohmotném světě, je třeba si hned položit otázku – jaká je Úroveň tohoto člověka? Pokud pochopíte, že jedinec je na nízkém stupni, pak by se jeho dojmům nemělo věřit, protože nízké vědomí způsobuje silné zkreslení vnímání. A naopak z obrázků, které člověk kreslí, se dá pochopit, jestli je ve svém rozvoji nízko nebo vysoko.

Nikdy byste neměli od lidí vyžadovat stejné dojmy, stejné povědomí o událostech nebo podobnou vizi jemnohmotného světa. Co je povoleno jedné Úrovni, není povoleno jiné. Všichni stojí na různých stupních pozemské Hierarchie, a proto pro ně bude všechno jinak.

Podobnost lze očekávat pouze od jedinců patřících do stejné Úrovně. I zde ale zasahuje rozdíl v jejich kvalitách, který dodá dojmům jinou barvu.

Ale proč neustále mluvíme o Úrovních? Protože jejich průchod zajišťuje rozvoj matric vědomí a podvědomí, přispívá k naplnění jejich buněk typy energií odpovídajících těmto Úrovním.

V podstatě na matrici vědomí působí intelekt, lidská myšlenková činnost, i když k nahromadění kvalit jí samozřejmě pomáhá i vše ostatní. Pocity, vjemy pomáhají vnímat svět a situace z jiné perspektivy.

Matrice vědomí je, jak jsme řekli výše, pomocná struktura, která pomáhá odhodit slupky a dosáhnout formování vysokých kvalit ve znalostech teorie a praxe, to znamená, že pomáhá vypilovat jakoukoli dovednost k profesionalitě. Všechno, co mu neodpovídá, odmítá. (Dost jsme o tom řekli v knize "Osobnost a věčnost", kapitola 2).

Jako další upřesnění dodejme, že matrice vědomí je postavena ze dvou částí. V jedné, vnitřní části, dochází ke kumulaci stálých znalostí specifikovaných programem jako povinný prvek konstrukce. A ve druhé části, vnější, jsou soustředěny dočasné znalosti, získané jednotlivcem dle libosti na základě svobodné vůle. Pokud se tyto během následujícího nebo současného života nepoužívají k praktickým účelům a nepokračují ve svém vývoji, pak se vypaří. Duše o tyto přírůstky přijde.

Ale znalosti, které jedinec využívá v praxi v jednom životě, pak v dalším, třetím, přecházejí do vnitřní části matrice vědomí a začínají budovat kvalitu podle hierarchického vzoru uvnitř buňky. Jakmile dosáhne horní Úrovně Hierarchie této kvality, přejde do automatického režimu činnosti, přemístí se do podvědomí. Do matrice podvědomí přecházejí vlastnosti, které dosáhly absolutního stavu, tedy ty, které se na určitých stupních rozvoje vybudovaly k dokonalosti.

Matrice podvědomí je naplněna energiemi nejvyšší kvality – nejvyšší pro každou Úroveň rozvoje. Všechny kvality, které v něm existují, fungují pouze v automatickém režimu. Proto se mezi lidmi rodí talenty a géniové. Jsou to lidé, kteří si ze života do života vyvinuli jednu vlastnost, dovedli ji k dokonalosti, k činnosti v automatickém režimu. Proto dítě, které ještě není v něčem dostatečně naučené, vezme tužku a nakreslí přesně něčí portrét, zatímco jiné už v šesti letech hraje na klavír nenapodobitelně, třetí počítá rychlostí blesku a tak dále.

To vše je dílem vlastností, které si člověk sám vyvinul v mnoha minulých životech a které jsou v podvědomí. Ale pokud nyní jedinec dostane příležitost projevit nějakou kvalitu jako velký talent, pak se to děje nejčastěji pro vzdělávání ostatních duši, aby si také přály dosáhnout stejného úspěchu ve svém zdokonalování.

Naopak v mnoha jiných duších mohou být takové vlastnosti Shora speciálně uzavřeny, aby člověk rozvíjel další, a ne pro kochání výsledků toho, čeho již dosáhl. Čili jakýkoli talent je činnosti nějaké kvality podvědomí.

Talent se nezískává okamžitě, ne přes noc. Buduje se důsledně a dlouhodobě tvrdou prací na sobě. Každá kvalita vytváří v buňce samostatnou hierarchii stejného typu energie. Stavba postupuje od Úrovně k Úrovni ve vzestupném pořadí. Proces, tedy mechanismus kvality, je postaven na základě provádění přísně specifických akcí, které dávají požadovaný výsledek. Schopnost rychle počítat má tedy jednu konstruktivní strukturu své funkce a schopnost správně reprodukovat melodii hlasem má jinou strukturu. A nemůžete použít první kvalitu k získání druhého výsledku. To znamená, že každá kvalita má individuální strukturu.

Nyní chápeme, proč tak dlouho trvá vybudovat podvědomí. Tvoří se v něm trvalé věčné procesy fungující v automatickém režimu. Takové stavby vyžadují vysoce kvalitní materiál (vyšší energie) a nepřipouštějí nepřesnosti a chyby ve svých konstrukcích. Proto je každá kvalita, která určená pro podvědomí, vytvářena a zdokonalována v průběhu mnoha životů.

V prvních fázích rozvoje duší, které začínají svou evoluční cestu z lidského stádia, zůstává matrice podvědomí nějakou dobu prázdná. U ně bude fungovat pouze matrice vědomí, dokud si jedinec nevyvine potřebnou základnu pro podvědomí.

Pokud se jedná o první typ duší, který prochází rostlinným a živočišným světem, pak se v matrici podvědomí může nashromáždit nelidská zkušenost existence, která je na dobu pobytu duše v nové podobě uzavřena v důsledku nemožnost použití v jiných situacích života. Energie nashromážděné v podvědomí však vytvářejí pevný základ pro budování nových kvalit, které jsou jasnější a výraznější než u duší, které se začínají rozvíjet bezprostředně z lidského stádia. Duše těch druhých vypadají jakoby sušší a v jejich očích se odráží méně citů.

Hovoříme-li o podvědomí kosmických duší, které přiletěly na Zemi se specifickými úkoly, pak v sobě obsahuje mimozemskou zkušenost existence, mimozemské vědomostí, které mohou být pro člověka nepochopitelné nebo budou vypadat směšně. Obvykle se mimozemská zkušenost duše pečlivě uzavírá ze dvou hlavních důvodů: aby neublížila duši samotné a aby neublížila lidstvu.

Podvědomí uchovává mnoho znalostí, které se mohou člověku, který neprošel stejnou cestou rozvoje, zdát nepochopitelné. Ale toto poznání se jedinci odhalí, když dosáhne určité Úrovně, nebo lépe řečeno, sama se naučí vytěžit z minulé zkušenosti to, co potřebuje, a použít to pro potřebné účely.

Jak si pamatujeme, matrice duše se také skládá z kvalit. Jak se ale tyto vlastnosti liší od kvalit podvědomí?

Již jsme zmínili, že kvality podvědomí pomáhá budovat inteligenci, myšlení, praktické zkušenosti. A když člověk přejde do Hierarchie Boha, naučí se myslet matrici. K tomu si systematicky získává vlastní kvality, které v kombinaci s legislativními kvalitami Řídící části vytvoří vyšší typ myšlení. Tímto způsobem je budováno myšlení matrici.

Mezitím člověk není schopen přemýšlet pomoci matrici. Ještě v sobě nerozvinul ty procesy, které pomohou budovat myšlenkový proces nepřetržitě a věčně. Nyní fyzický mozek, impulzní prstenec, astrální a mentální energetická těla pracují za matricí podvědomí. A to vše jsou pomocné konstrukce zavedené pro duši, aby ji nakonec naučily myslet jako Podstaty v Hierarchii Boha.

Duše, mající trojjediný základ, získává kladní i záporní vlastnosti, které formují její charakter a osobnost. Ale buduje je pomocí pocitů, emocí, vjemů. Takové vlastnosti přispějí k rozvoji intuice duše a její citlivosti ve vnímání prostředí. Proto jsou kvality v buňkách matrice duše a matrice podvědomí postaveny na různých procesech a v budoucnu čelí odlišným úkolům.

Položme si otázku: jak vědomí a podvědomí ovlivňují charakter člověka?

Matrice vědomí má dočasné kvality a to samozřejmě ovlivňuje charakter člověka ve směru jeho neustálých změn. Pokud na začátku života jedinec získal například nějaké vlastnosti, které pak zmizely z matrice vědomí, tak se jeho charakter mění i během jednoho života. V průběhu několika inkarnací se jeho charakter změní v ještě větší míře, protože se zvýší počet vlastností, které se vypařují z matrice vědomí, a počet vlastností, které přecházejí do trvalé formy podvědomí.

Vše, co je v chování jedince nestabilní, je spojeno s matricí vědomí, jeho dočasnými kvalitami a vše, co je stabilní, je spojeno s podvědomím. Pokud se alkoholik stane nestydatým a nezodpovědným, znamená to, že tyto vlastnosti, pokud byly přítomny na počátku života, zmizely z matrice vědomí během degradace člověka.

A zde můžeme vyvodit následující závěr: **nahromadění matrice podvědomí ovlivňuje utváření trvalé linie chování a vytvoření stabilního typu charakteru a akumulace nebo ztráta matrice vědomí jejích kvalit přispívá ke vzniku dočasných a nestabilních stylů lidského chování.**

V podvědomí se tvoří legislativní základ chování, protože se v něm hromadí morální a etická pravidla, zákazy a povolení k provádění některých akcí, psychologické postoje. A také **v podvědomí se zákonitosti existence dané duše tvoří nejen v kterémkoli jednom světě, ale i ve vesmíru samotném.**

Podvědomí buduje ve své struktuře všechny prvotní zákony existence, které pak poskytují duši věčnost, ovládající jedince v souladu s požadavky okolního prostoru. Podvědomí se tak stává důležitou základnou pro uložení norem a základů podpory života jedince.

Matrice vědomí je dočasná konstrukce. Pomáhá duším, které ještě nevědí, jak se v životě správně rozhodnout, budovat věčné procesy, které jsou trvanlivé a neumožňují špatné konstrukce. **Jde o jakýsi třídící aparát pro určitý druh energie a kontrolu nad jejich uspořádání.** Koneckonců, nashromážděné znalosti, zpevněné praktickými zkušenostmi, vytvářejí progrese mechanismu budoucích automatických činností. Proto je kontrola kvality všech vytvořených uspořádání povinná a provádí ji matrice vědomí.

Ale jak postupuje, potřeba vědomí zmizí, proto je od určité Úrovně Hierarchie vědomí u Podstat zcela vytlačeno prací podvědomí. Vyšší Osobnosti vědí, jak používat podvědomí, protože je to pro ně výhodné, jelikož přispívá k jejich pokroku. Matrice podvědomí pro ně funguje podle jiného principu než pro člověka, ale je povinná a je u ně zařazena do Řídící části duše.

Kapitola 6

JEMNOHMOTNÉ OBALY NEBO ENERGETICKÁ TĚLA

Duše v chápání moderního člověka donedávna, totiž rok 2000 (doba, kdy bylo dáno Vyšší poznání o duši) byla jemným stavem, který po smrti opustil materiální tělo. Tento stav zahrnoval šest jemnohmotných obalů: éterický, astrální, mentální, kauzální, buddhiální a átmanický. Těchto šest obalů s jádrem uvnitř bylo duší v jeho představách.

Nové poznání dané Bohem však umožňuje blíže porozumět jeji struktuře, i když je neúplné, protože vše, co člověk na tomto stupni rozvoje nemůže pochopit, zůstává opět za hranou neznáma. Spokojme se však s tím, co je nám otevřeno, neboť to dává podnět k mnoha úvahám a každému klade nikoli iluzorní, ale zcela reálný cíl.

Naši Nebeští Učitelé používají pro čtyři vyšší energetická těla člověka modernější názvy místo obvyklých názvů přijímaných v indické filozofii, protože tyto pojmy nejúplněji a novým způsobem odrážejí skutečný význam a funkční účel každého energetického těla. Z minulých názvů jsou zachovány pouze názvy energetických těl*, od fyzického po spojovací tělo, tedy dřívější kauzální obal, protože tyto pojmy jsou nejběžnější a čtenáři již mají nějaké představy o jejich práci.

Jmenujme důvody, které způsobily potřebu duše mít jemnohmotné obaly, jinak v moderním jazyce označované jako energetická těla.

Prvním důvodem je funkce ochrany matrice duše před vlivy prostředí, ve kterých je umístěna.

Druhým důvodem je potřeba při své činnosti kombinovat materiály různé kvality.

Například k tomu, aby duše, která je energetickým stavem, mohla pracovat v hrubohmotném světě, je zapotřebí množství pomocných přechodných energetických těl, která by ji udržela ve světě, který je jí cizí a pomáhala jednat, přenášet energie z materiálního spektru přes několik Úrovní až po jemnohmotný spektrum její struktury. Šest jemných obalů je jakýchsi šest přechodných Úrovní.

Třetím důvodem potřeby přítomnosti energetických těl v duši je její provádění určité práce pro Zemi, hierarchické Systémy a sebe. A to vše vyžaduje speciální mechanismy, které jsou umístěny uvnitř obalu a jsou stavěny pro práci se specifickým rozsahem energií.

Pro pozemské duše lidí páté rasy, tedy současného lidstva, bylo vyvinuto šest energetických těl, sedmé je materiální. Všechny obaly jsou rozděleny na dočasné a trvalé.

Každý jedinec má možnost se plně zdokonalit pomocí použitívšeho složení jemnohmotných těl. Ale podle toho, co přesně si člověk ve svém rozvoji vybere, některá energetická těla využívá a jiná nevyužívá. Z tohoto důvodu se u nízkých jedinců může zvýšit počet dočasných obalů. Nízký jedinec například dostane příležitost k rozvoji inteligence prostřednictvím určitých procesů, a to je práce s příslušným spektrem energií. Místo přemýšlení ale volí robotickou práci a zábavu, proto se jeho mentálníobal nerozvíjí a stává se dočasným.

A jiná věc je, jestli člověk začne aktivně myslet, poznávat svět, chápat praktické lekce. V tomto případě se v jeho mentálním obalu začnou správně budovat procesy myšlení, hromadí se energie mentálního plánu, takže takový obal již nelze odhodit, ale stává se trvalým a je již majetkem člověka. Takže ve skutečnosti je rozdělení jemnohmotných obalů na dočasné a trvalé podmíněné. Jak rozvoj postupuje, jejich poměr se mění – trvalých je více a dočasných je méně.

U **nízkého** jedince jmenujme jejich následující poměr: tři trvalá energetická těla a tři dočasná a jedno – kauzální – spojovací. Přesněji řečeno, kauzální tělo je pro některé duše proměnlivé, pro jiné konstantní, ale o tom si povíme níže.

Vraťme se k trvalým energetickým tělům (Obr. 10), blízkým základu duše – matrice. Jsou tři hlavní: vyšší, absolutní a duchovní. Ve schematu je fyzické tělo kombinováno s éterickým a vyšší energetická

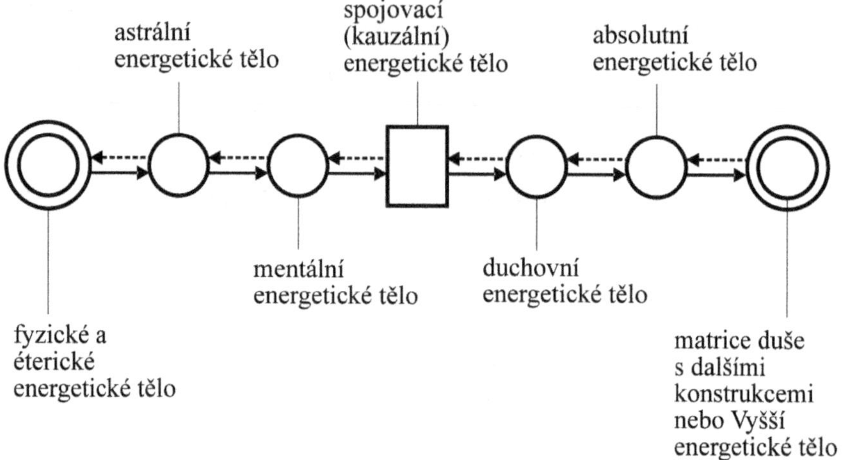

Legenda:

— *energetické vazby mezi energetickými těly.*

Poznámka. *Schéma je uvedena pro nízký typ jedince.*

**Obrázek 10. Jemnohmotné obaly
(uspořádány v hierarchickém sledu)**

tělo je znázorněno v kombinaci s matricí duše. Prozkoumáme, co každý z nich obsahuje.

1. Vyšší energetické tělo je Řídící částí duše, je to matrice vědomí a podvědomí. V něm se tvoří zákony chování. Nachází se zde i matrice zákonů.

2. Absolutní energetické tělo (nebo starý název – átmanické). Zahrnuje matrici času, matrici pojmů.

3. Duchovní energetické tělo (neboli buddhiální) je matricí duše, která zahrnuje kladní a záporní kvality nashromážděné jednotlivcem během rozvoje. Toto je kompozit* duše, její zbarvení. Zde se tvoří matrice kvalit.

Staré názvy obsahovali pojmy: jádro duše, átman jako něco vyššího a neurčitého. Nyní však podáváme upřesnění, která někdy příliš nezapadají do starých nejasných představ, protože nebyly zcela přesné a správné. Jádro by se dalo připsat duchovnímu energetickému tělu a absolutnímu, které podle starých představ jakoby splývalo v něco celistvého. Nyní se je však snažíme odlišit a detailně rozdělit do samostatných struktur vybavených specifickými funkcemi. Proto v tomto okamžiku poznání jádrem je vyšší energetické tělo, které zahrnuje matrici duše a další struktury.

Tři pojmenovaná stálá energetická těla existují odděleně, ale zároveň jsou úzce propojena a fungují společně. Právě **tato tři energetická těla (vyšší, absolutní a duchovní) ve spojení se čtvrtým – spojujícím (kauzálním) – představují duši pro člověka páté rasy**.

Pro člověka šesté rasy se přidávají další dvě energetická těla. Proto můžeme vtipně říci, že duše budoucího člověka bude bohatší než duše skutečného člověka. Ale ve skutečnosti to tak bude. Kdo vynaloží úsilí na svůj duchovní rozvoj, jeho duše vyroste o dva řády.

Zbývající obaly: mentální, astrální a fyzické tělo – u **nízkého** jedince nemůžeme připsat samotné duši, protože jsou dočasné. U **vysoké** osobnosti již mentální obal je součásti trvalé konstrukci.

Éterický obal zde nejmenujeme, protože není považován za samostatné a nezávislé energetické tělo. Ve svých funkcích je úzce spojen s fyzickým tělem a na třetí den po jeho smrti se rozpadá. Tento obal je založeny na materiálním těle, jako budova na základech, takže když se základ zhroutí, zhroutí se také.

Éterický obal podporuje samotné tělo a je určen hlavně pro něj, proto není považován za samostatnou konstrukci. Vyšší Učitelé tomu obecně nevěnují pozornost a zcela jej odkazují na materiální obal, i když pro člověka nese ve své struktuře a funkcích mnoho zajímavého. Ale v této kapitole tomu nebudeme věnovat zvláštní pozornost, protože o tom bylo řečeno dost v našich jiných knihách.

4. Čtvrtý obal, Spojovací (kauzální), také odkazuje na trvalé konstrukce pro člověka. Proč říkáme – "pro člověka"? Je dán duši po celou dobu její reinkarnace na Zemi a má strukturu určenou pouze pro pozemský svět. Pokud však dřívější duše člověka přejde do jiného světa, analogického tomu pozemskému, pak se toto čtvrté energetické tělo změní, to znamená, že staré se odpojí jako odpad a nové se připojí k trvalým schránkám.

Změna kauzálního těla je způsobena tím, že sjednotí duši s jiným světem, postaveným na jiných energiích, než je ten pozemský. Proto se v něm musí měnit uzamykací mechanismy. Kauzální tělo obsahuje dokovací moduly, které umožní propojit materie různých světů.

Pokud kosmická duše přichází na Zemi na jednu inkarnaci, pak se k ní dokovací obal také dočasně připojí pouze na jeden čas. Pomáhá také propojit materie předchozích konstrukcí duše se současným světem, jeho materii. Stejně tak, když je pozemská duše poslána do světa analogického tomu pozemskému, dostane dokovací obal, který materiálně odpovídá danému světu. A přirozeně uvnitř bude jinak uspořádán, jelikož všechny procesy v něm budou zaměřeny na práci s jinými druhy energií.

Kauzální tělo je tedy trvalé pouze po dobu inkarnací duší na Zemi, je tedy současně dočasné i trvalé, podle toho, o jaké časové období se uvažuje: při pozemských inkarnacích nebo jejich ukončení.

V kauzálním obalu obyčejného člověka páté rasy jsou bloky jeho karmického působení. Tedy karma* je uložena, dokud není zcela propracována. Některá karma se táhne přes několik inkarnací, proto je v této konstrukci uložena po dlouhou dobu. Ale protože člověk neustále dělá něco, co nesmí, jednu karmu odpracuje a další získá. Toto energetické tělo akumuluje energie provedených činností, a to platí nejen pro mechanické činností, ale také pro práci myšlenek a emocí.

Spojovací obal provádí kontrolu kvality energie předávané do trvalých obalu. Každý z nich je zásobníkem energií určitých Úrovní. Začnou se v nich budovat procesy, které se pak promění v samostatný režim činnosti. Věčné procesy se netvoří samy od sebe a ne okamžitě. Vše se děje pod dohledem Vyšších Učitelů.

Oni (Učitelé)* nejprve položí základy pro stavbu trvalých procesů **umělé**podle svých programů a provádějí pečlivou kontrolu nad kvalitou získaného výsledku. Ale když stavby dosáhnou určitých standardů, přejdou do stádia samostatné existence, do stádia rozvíjejících se progresí, schopných samy sebe jako inteligentní stavy dále budovat a plnit některé speciální funkce. To znamená, že uvnitř jemnohmotných obalu se nejen hromadí energie a vytvářejí se některé kvality, ale především se budují věčné procesy. Případné nahromadění v nich neleží jako nehybná a beztvará zátěž, ale fungují podle daného programem způsobem a odvádějí potřebnou práci pro člověka samotného i pro jeho okolí.

V duši, v jejích trvalých energetických tělech, vznikají věčné procesy. A ona sama se podílí na jejich stavbě na základě programů a řízení Vyššího. Věčné procesy se budují pomalu, důsledně a efektivně. Není možné vkročit do věčnosti najednou pomocí nějakého elixíru nebo magických kouzel. Můžete dočasně omladit tělo a odložit stáří, ale duši nikdo nezmění v mžiku. Je potřeba pochopit, co je věčnost a kdo v ní jste, abyste vstoupili do jejího království jako důstojný stavitel a nenechali se jí rozdrtit jako slimák, který náhodou vklouzl na cizí území. Proto v našich knihách popisujeme takové složitostí, aby pracovitá duše, žíznící po vědomostech, pochopila, co se v ní děje a jaká cesta ji povede důstojně k nesmrtelnosti.

Příprava na věčnost je velmi pečlivá. Proto se v duši objevuje tolik dalších struktur, které jí pomáhají utvářet potřebné kvality. Pro člověka přecházejícího do šesté rasy, tedy vysokého jedince, bude kauzální a mentální obal odkazovat na trvalá energetická těla, protože se vybudovala způsobem, který již tato rasa vyžaduje. A dva nové trvalé obaly přidané k jejich konstrukci budou obsahovat mechanismy, které budou nadále utvářet lidské myšlenkové procesy ve spojení s funkcí času, což mu umožní myslet rychleji. Počet trvalých obalů v zástupci šesté rasy bude roven šesti. A počet dočasných energetických těl zůstane tři. Změní se ale samotné fyzické tělo, které získá mnoho nových funkcí. A z tohoto důvodu se éterický obal oddělí do samostatné struktury a bude mít stejný význam jako astrální.

Počet dočasných energetických těl zůstane tři, i když funkčně změní svou činnost.

Nás ale stále zajímají dočasné obaly člověka páté rasy. Pojďme si je znovu vyjmenovat. Pro nízkého jedince je to mentální, astrální a fyzický obal ve spojení s éterickým. Pro vysokého jedince je to astrální a éterické s fyzickým.

Dočasné obaly slouží jako filtry, které nedovolí nekvalitním energiím přejít do trvalých energetických těl. Fyzické tělo zpracovává hrubou škálu energií a chyby, kterých se člověk dopustí, vedou k produkci energií v kvalitě, kterou matrice duše nevyžadují. Proto se vše nízké a nekvalitní ukládá do dočasných energetických těl. Ale část energií vyššího spektra zpracují do kvality, která je schopna přecházet do dalších energetických těl. To znamená, že dočasné obaly pomáhají zpracovat některé z nízkých typů energií na vysoké. A ukládají se do nich jen absolutně nekvalitní shromažďování. A do stálých přecházejí pouze energie, které splňují jejich normativní požadavky.

Každý obal má svůj vlastní Řídící mechanismus, který reguluje práci s energiemi odpovídajícími Úrovni tohoto obalu. Tento mechanismus lze nazvat mozkem tohoto energetického těla, protože vykonává práci podobnou mozku fyzického těla. Proto říkáme, že člověk má astrální typ myšlení, a nejen mentální.

Mnoho lidí, většinou umělců, má vyvinutý astrální mozek, zatímco intelektuální pracovníci mají mentální. Centra myšlení jiných energetických těl je třeba ještě rozvíjet, jsou v počátečním stavu. Ale každé energetické tělo má svůj vlastní centrum-mozek.

Hlavním rysem konstrukce všech energetických těl je jejich trojjedinost. To znamená, že každý obal není jen objem, ale má určité územní hranice.

Trojjedinost je součástí trvalých i dočasných obalů. V každém z nich jsou tři části: kladní, záporní a Řídící. Centrum-mozek tohoto obalu patří té poslední. Ale všechny Řídící části energetických těl jsou propojeny s Řídící částí vyššího energetického těla a poslouchají ji. Je pro ně ústřední.

Programy hrají důležitou roli v rozvoji jemnohmotných obalů. Každé energetické tělo se rozvíjí podle svého vlastního programu.

Když se lidská duše vtělí v pozemském světě, tedy dojde k její inkarnaci*, pak se v ní rozvíjí podle celkového programu založeného na situacích. Situace souvisí se spotřebou energií, jejich zpracováním a výrobou nových typů. A to už se děje v obalech člověka. Proto je celkový program života nutně spojen s činností energetických těl.

Každý z nich má svůj vlastní program, který v závislosti na situacích a jednání člověka aktivuje určité procesy uvnitř. To znamená, že programy energetických těl jsou budovány na základě celkového programu života jednotlivce. Mění se inkarnace duše, mění se i programy obalů.

Dočasná energetická těla pomáhají duši rozvíjet ty kvality, které jsou vyžadovány pro vyšší světy. Když se člověk mnohokrát inkarnuje na Zemi, reinkarnuje*, pak se tyto obaly mění: pro každý další život dostává nová dočasná energetická těla.

Pokud se duše člověka inkarnuje v jiném světě, pak dočasné obaly budou vyrobeny z materie tohoto světa a budou postaveny na jeho procesech. Dočasná energetická těla pomáhají duši adaptovat se na nové prostředí. A jejich počet v novém plánu bude jiný.

Vzhledem k tomu, že se v obalech rodí věčné procesy, jejichž počet se zvyšuje s Úrovní rozvoje duše, každá další Úroveň nutně generuje nějaký nový proces. S rostoucím stupněm rozvoje se zvyšuje počet kvalit duše. A to vše vyžaduje zavedení nových jemnohmotných struktur do jeho konstrukce.

Všechny nové mechanismy a konstrukce vyžadují prostor a ochranu před vnějším prostředím. Z těchto důvodů je nutné zavést do struktury duše další obaly.

V čem spočívá její zdokonalení? V shromažďování energií vyšších Úrovní, růstu jejího potenciálu* a ve výstavbě nových funkcí v sobě samé. A to vše vyžaduje další objemy. Každá duše roste zvyšováním počtu svých energetických těl. Přidávají je uměle Vyšší Konstruktéři poté, co duše nashromáždila určité ukazatele a vytvořila v sobě příslušné konstrukce.

Čím vyšší je duše podle Úrovně rozvoje (myslí se hierarchické Úrovně), tím více obalů bude mít. Zároveň každé další přidané energetické tělo bude mnohem větší než to předchozí. A v tom je analogie s konstrukcí světů v universu, o které jsme již psali a uvedli odpovídající schéma. (Kniha "Filozofie Absolutna", kap. 3, Obr. 11.) Struktura universu se od struktury člověka liší pouze velikostí a počtem obalů-světů. Proto se ukazuje, že jemnohmotnéobaly člověka mají také velký význam pro duši. **Roste s jejích pomoci.** Jak vidíme, růst fyzického těla člověka se výrazně liší od růstu duše.

V tomto ohledu můžeme naznačit **čtvrtý důvod potřeby duše mít energetická těla – duše roste díky nárůstu jejich počtu.**

Nová energetická těla se do duše přidávají ne na každé Úrovni, ale poté, co prošla určitým cyklem rozvoje a požadovaným sebebudováním. Člověk páté rasy měl sedm energetických těl. Osoba šesté rasy bude mít devět energetických těl, to znamená, že moderní člověk již dokončil nezbytný rozvojový cyklus a přibývají mu dva nové obaly.

Pokud to ale srovnáme s Bohem, který prošel mnoha rozvojovými fázemi, pak je jasné, že Jeho rozměry jsou obrovské. Má mnoho energetických těl. A protože jsou všechny naplněny energiemi nejvyšší kvality, září. A v tomto smyslu je Bůh podobný Slunci, i když je samozřejmě mnohem větší jak z hlediska energetické síly, tak rozměrů.

Bůh je nejmocnější energetický potenciál. Jeho síla je miliardkrát větší než síla naší materiální hvězdy. Pro nás svítí, protože my sami jsme zatím temní. Naše obaly jsou naplněny nízkými typy energií. Každá duše má však perspektivu – jednoho dne se proměnit ve stejně mocný světelný objem. A další obaly jí v tom pomohou.

Takže jsme pochopili, že duše roste s novými objemy nebo energetickými těly. Jejich stavbu provádějí speciální úřady v Hierarchii Boha, to znamená, že je staví Podstaty podle projektů svých Vývojářů. Existují hierarchické Systémy specializující se na výrobu jemnohmotnýchobalu. Každý z nich je proto předběžně vyvinut jako specifická konstrukce, určená pro konkrétní účely. A uvnitř – to nejsou prázdné objemy, ale jsou naplněné nezbytnými mechanismy a detaily. Všechno má svéuspořádání.

Každé energetické tělo má ochranný vnější obal, uvnitř jsou uloženy mechanismy, které musí začít tvořit nové procesy nebo pokračovat v rozvoji těch předchozích. Rovněž do něj se zadkládá mechanismy pro produkci a přeměnu energií, určené pro jejich specifický rozsah. Je síť kanálů-pasů přenášející energie do obou směrů. Při tom kanály, které přenášejí energii do matrice, mají jednu strukturu a od ní jinou.

Uvnitř energetických těl má vše svůj účel a plní určité funkce. Každý obal je navrženy tak, aby pracoval se specifickým rozsahem energií. Astrální obal pracuje s astrálním rozsahem energií, mentální s mentálním, kauzální s kauzální a tak dále, čili jde o energie, které se liší svou Úrovní, svým pořadím*. Tyto rozsahy člověk ovládá postupně, jak se rozvíjí.

Všechny obaly jsou propojeny jedinou činnosti, všechny pracují pro matrici duše. Do vyšších energetických těl přecházejí pouze energie odpovídajícího spektra z nižší Úrovně, které dosáhly nejvyšší kvality.

Hlavní funkcí dočasných energetických těl je filtrovat energie produkované člověkem. Jedná se o ochrannou funkci, která chrání matrici duše před dodatečnými očistami, které by mohly probíhat v jejich nepřítomnosti. Proto musí být obětovány, to znamená, že musí být odpojeny a demontovány během přechodu duše do jemnohmotného světa.

Víme, že po smrti člověka duše odhazuje dočasné obaly jako raketa, která nabírá startovací rychlost, odhazuje své stupně. To se děje v období obyčejných reinkarnací. Ale v přechodném etapu rozvoje (přechod z páté rasy na šestou), kterou právě sledujeme, se vše děje trochu jinak. Přechodné období obsahuje konstruktivně dva typy duší: některé z nich obaly ztrácejí, jiné získávají.

Je třeba poznamenat, že v tomto období nízké jedinci stále existují ve velkých počtech a jejich dočasné obaly se stále shazují, protože se stávají akumulátory nízkých, špinavých energií. Jejich hromadění, stejně jako dříve, je usnadněno honbou za pokušeními a pácháním chybných činů. Když například člověk kouří, pije, bere drogy, hýří, zabíjí, uráží slabé a tak dále, pak jsou všechny tyto činy doprovázeny produkcí špinavých energií, které nejsou vpuštěny do trvalých energetických těl, a vše se ukládá do dočasných obalů. Hlavním důvodem existence dočasných energetických těl jsou tedy chyby, kterých se člověk dopustil, jeho neschopnost udělat správnou volbu. Přirozeně, že po smrti jednotlivce jsou takové obaly odhozeny a jsou demontovány.

Od určité fáze rozvoje, jak jsme zmínili výše, se však jednotlivé dočasné obaly člověka mění v trvalé struktury. To platí pouze pro lidi, kteří prošli dostatečnou cestou rozvoje a přecházejí do další šesté rasy.

Ale proč je možné přeměnit dočasná energetická těla v trvalá?

Je tady následující příklad. Vezměme osobu, která již dosáhla vysoké Úrovně. Vede úplně jiný způsob života než nízký jedinec, má progresivní vědomí, umí se správně rozhodnout, nepodléhá nízkým svodům a jeho obaly hromadí vysoké energie. Nízká spektra již se nedostávají do jeho jemnohmotných struktur, takže odpadá potřeba ve filtračních obalech.

To znamená, že jak se rozvíjejí živočišné a pozemské typy duší, význam dočasných obalů se mění. Progresivní duše získávají zkušenosti, které jim umožňují blíže následovat cestu požadovanou Vyšším. Začnou správně řešit zadané úkoly, což přispívá k náboru do dočasných energetických těl rozsahu energií, který umožní vybudovat v nich potřebné procesy splňující požadavky věčné existence. Takové obaly již nelze považovat za vadné.

Správné získávání energií umožňuje vyrábět uvnitř obalů pevné konstrukce, které patří do osobního vlastnictví jedince. Taková energetická těla mohou být uvedena do věčného oběhu, proto již nejsou považována za dočasná, ale jsou označována jako trvalá. A ještě jednou zdůrazňujeme, že u člověka šesté rasy k nim patří spojovací (kauzální)* a mentální obaly.

Někteří zástupci nové rasy, kteří se již rodí na Zemi, mají jinou fyzickou a jemnou strukturu než zástupci páté rasy. Pokud tedy mluvíme o dočasných energetických tělech, musíme se nejprve rozhodnout, o jaký model člověka se zajímáme: o rasu, která mizí v minulosti, nebo o rasu budoucího lidstva.

Ale v každém případě se u vysoce vyvinutých jedinců dočasné obaly mění v trvalé, jak se zdokonalují. Mezi nízkými, středními a vysokými jedinci jsou vždy rozdíly, a to nejen ve stylu chování, ale také v jemnohmotné struktuře. Proto to, co je pro někoho charakteristické, pro jiného nebude významné.

Mimochodem, zmiňme zde naše menší bratři – zvířata. Mají pouze tři energetická těla: materiální, éterické a astrální. Když duše vysoce vyvinutých zvířat přejdou do formy člověka, obdrží kompletní sadu obalů určených pro člověka páté rasy.

Zdůrazňujeme, že duše procházející přechodem do vyššího stupně obdrží další nové obaly pro budování nových procesů a hromadění energií. Podle svých funkci a shromažďování (kvalitativní a kvantitativní), budou se lišit od těch dočasných energetických těl, která má člověk v tuto chvíli. Dočasné obaly tedy mění svou podstatu: jak se duše zdokonaluje, některé z nich se mění v trvalé struktury a ke zbývajícím dočasným obalům se přidávají nová energetická těla pro rozvoj procesů vyšších řádů v nich.

Když duše stoupá po stupních Hierarchie, nutně obdrží nové vnější obaly, které se od určitého stupně rozvoje přestanou úplně odhazovat a okamžitě se změní v trvalé konstrukce duše.

Kapitola 7

KOMPOZIT DUŠE. STAVBY V BUŇCE MATICI.

Zdokonalování duše spočívá v hromadění energií různých typů a Úrovní. Ale shromažďování se objevují pouze jako výsledek nějakého druhu práce vykonávané duší: fyzické, emocionální, intelektuální a duchovní. Zároveň se naplňuje matrice kvalit a díky kvalitám jedinec získává mnoho schopností, formuje se jeho individualita. Také se paralelně plní matrice podvědomí, hromadí se pojmy a spolu s jedincem postupuje jeho osobní čas, soustředěný v matrici času, matrice zákonů a slov. Vše se rozvíjí a buduje současně a v požadovaném souladu.

Počáteční matrice se naplňuje poté, co vtělí do formy* (fyzické tělo) na základě rozvojového programu, který je jí přidělen. Program nastavuje, jaké druhy energií potřebuje duše získat, když je v pozemském světě. Materiální forma je postavena na určitém typu chování a určitých situacích. Například forma ryby poskytuje duši jeden typ existence, a tedy chování, podoba ptáka – další, zvířete – třetí, člověka – čtvrtá a tak dále.

To znamená, že forma je hlavní jednotkou, která se účastní daného technologického procesu, který je založen na konkrétních činnostech, chemických, fyzikálních a energetických procesech. Každá forma je navržena tak, aby pracovala s konkretnímrozsahem energií.

Pokud se různé formy uvedou do života bez programu, nebudou vědět, co mají dělat, jakých situací se mají účastnit. Mohou se začít navzájem napodobovat: ryba vyleze na pevninu, pták se pokusí plavat ve vodě, člověk se pokusí létat – a to vše může vést k smrti formy. A jelikož je forma konstrukčně určena pro konkrétní technologický postup, pak dojde k jejich (procesů) porušení, matrice duší nezískají potřebné energie a nebudou produkovat energie, které potřebují hierarchické Systémy a Zem. Výsledkem bude energetický chaos, který povede k poruchám v životním prostředí a v celém světě. Duše bez programů jsou částice pohybující se chaotický v určitém objemu. Program připojí formu k určitému procesu, učiní jej jeho součástí a přemění tuto jednotku na jeho složku.

Duše, která teprve začíná svůj rozvoj nebo je v prvních stádiích, ještě nechápe, co potřebuje k pohybu vpřed a co nepotřebuje; co je dobré a co je špatné; nevidí, kde je spodek a kde vrch.

Stejně tak, když duše přechází do nové formy existence, také v prvních fázích nechápe, jakým směrem se má ubírat, co přispěje k jejímu pokroku. Právě nepochopení života u některých mladých duší vysvětluje jejich omezenost v mnoha životních otázkách, jejich naivitu či neadekvátní chování. Ještě nemají zkušenost s existencí v této formě, takže mohou vypadat hloupě nebo divně, ale to druhé bude odstraněno časem, když se reinkarnují.

Tyto příklady nám umožňují vidět rozdíl v chování mladých duší, které svou evoluční cestu teprve začínají nebo v této podobě poprvé, a duší, které již opakovaně navštívily lidské tělo.

Programy tedy hrají zásadní roli v rozvoji mladých duší. Pro každého z nich je sestavují Vyšší programátoři s přihlédnutím k jejich individualitě. Programy nasměrují duši do těch situací, které jí umožňují shromažďovat energie jejich Úrovně, to znamená, že pomáhají naplnit buňky matrici energiemi požadovaných typů.

Duše provádí první shromažďování energií do matrici podle téměř přísných programů, ve kterých je velmi malý výběr. Ale takové programy umožňují duši udělat potřebné shromažďování a získat významné zkušenosti v této formě existence.

Důvodem zařazení reinkarnací do lidského života je neschopnost člověka správně se rozhodnout a nahromadit v matrici ty druhy energií, které potřebuje pro rozvoj. Předpokládejme, že začal dělat podle programu shromažďování v nějaké buňce na začátku svého života. Pak udělal špatnou volbu, otočil se špatným směrem a buňka zůstala nedokončená. V příštím životě se mu opět dostávají situace, které mu umožňují naplnit stejnou buňku určitým množstvím potřebné energie, pokračovat v její výstavbě a tak dále.

Člověk dělá v životě spoustu chyb, z tohoto důvodu hromadí nesprávné energie, které potřebuje. Nepotřebné energie, jak jsme probrali výše, se ukládají do dočasných energetických těl a po smrti se s nimi odstraňují a situace se člověku opakuje v příštím životě aby zcela naplnil buňku jednodruhovou energií, čímž vznikne požadovaná kvalita.

Přerušováním života smrtí, Vyšší takovým krutým způsobem nutí člověka napravit chyby z minulosti a získat potřebné energie do buněk matrici. Odtud pochází karma, tedy člověk se vrací do nesprávně vyřešených situací, aby se naučil správně myslet a volit.

Krátké životy jsou člověku dány z toho důvodu, že v nich dělá méně chyb a je snazší je napravovat Vyšším, je snazší budovat programy, na jejich nápravu se vynakládá méně energie. Na svých chybách totiž musí pracovat nejen lidé, ale především musí Vyšší Učitelé přemýšlet, jak je člověku napravit, aby do jeho matrici konečně začaly proudit požadované energie. Učitelé neustále přemýšlejí o tom, jak přimět člověka žít správně, jak rychle zvýšit úroveň jeho vědomí, protože to pomáhá urychlit zdokonalování.

Pokud je člověku dán dlouhý život (400-700 let), pak udělá takovou hromadu chyb, že je pak snazší a ekonomičtější ho rozkódovat*, než vše napravovat a směrovat rozvoj správným směrem. Takže může být velmi obtížné naplnit buňky matrice potřebnými energiemi.

- - -

Duše se musí v rozvoji držet určitého kvalitativního směru. Člověk je zvyklý věřit, že žije pro sebe, a proto si může svobodně dělat, co chce. Ale není to tak. Jeho duše je původně vytvořena pro konkrétní účel. Připomeňme si, že musí zaujímat určité místo ve Veškerenstvu, aby mu poskytla energii a nezbytné pro něj životní funkce. Proto jedno místo vyžaduje takový a takový počet duší určité kvality a jiné místo jiný počet duší jiné kvality.

Tento úkol je svěřen našemu Bohu a On vytváří duše, orientuje je pomocí programů, aby v nich rozvinuly ty vlastnosti, které se od nich vyžadují. Proto je celková kvalita rozvoje duše dána jako cíl, ke kterému musí směřovat.

Programy jej směřují k tomuto majáku a rozvíjejí v duši smysl pro jeho účel, který tvoří hlavní kvalitativní směr zdokonalování. Nedochází tedy k libovolnému rozvoji. Vše je podřízeno konkrétním úkolům. Každá duše je stvořena pro konkrétní místo ve Veškerenstvu a formují se v ní specifické vlastnosti. Každá duše má tedy před sebou cíl, který je od ní vzdálen miliardy i více let a cesta jejího rozvoje je na stejnou dobu předem daná.

Duše je připravena na věčnost a jsou v ní vybudovány stálé procesy, které nedovolují nekvalitní stavby. Proto je člověk prostřednictvím reinkarnací vrácen do výchozího bodu, na kterém se zastavil v minulém životě, a nucen dokončit v sobě nezbytný proces do absolutního stavu. Díky reinkarnacím se všechny počáteční procesy v člověku budují postupně. Jsou monitorovány a neustále aktualizovány.

Jednotlivec, který se buduje zevnitř, zároveň proměňuje okolní prostor a obnovuje jej. Tímto způsobem zpracovává vnější materií. Ale technologie pro přeměnu světa je taková, že jeho přestavbou duše řádově pozvedá Úroveň materie daného plánu a sama v sobě buduje potřebné funkce a kvality.

Víme, že jakékoliv shromážděné energie v duši není jen nějaký druh nehybného zavazadla uvnitř matrice, ale jsou to konkrétní konstrukce. Jakákoli kvalita uvnitř buňky je postavena z energií, které do ní vstupují, jako nějaký specifický proces, jehož působení dává požadovaný výsledek. (Viz kniha "Osobnost a věčnost", kap. 2, hierarchie v buňce matrice.)

Například se dítě učí kreslit několik životů. A nedokonalé kresby se jednoho dne promění v nádherné obrazy. Dovednosti se promění v talent. A tak se jakákoliv kvalita buduje postupně, aby se jednoho dne projevila v automatickém režimu působení, propracovaném k naprosté dokonalosti.

Kvalita se tvoří v buňce matrice jednodruhovou energií, která je budována podle Úrovní a určitých zákonů až do velikosti vlastní Hierarchie. Toto je Hierarchie této kvality. Dosáhne absolutního stavu, po kterém začne pracovat automaticky a dává přísně konkrétní výsledek. **Každá kvalita má svou vlastní strukturu a vlastní mechanismus působení.**

Když je postavena jedna kvalita, staví se další požadovaná pro danou Úroveň. Nejčastěji se vytváří několik různých kvalit současně.

Nestejné kvality dohromady tvoří kompozit duši, to jest jejich odlišný soubor. Různé kombinace tvoří různé textury. Ve svém celku připomínají krabici různobarevných barev. Pouze barva je nahrazena jednodruhovou energií, která vyplňuje buňku matrici. Je třeba poznamenat, že ačkoli je energie jednodruhová, nutně má různé Úrovně. Dohromady soubor těchto buněk s různými typy jednodruhových buněk tvoří různodruhový kompozit. Ten charakterizuje soubor vlastností, stejně jako individualitu jedince. Kompozit* spojuje všechny energie v matrici a vytváří tak jediný celostní charakter jednotlivce. Na přáni jednotlivce se může projevit jedna vlastnost, pak druhá, která mu pomáhá žít a pracovat.

Jednotlivci s bohatším složením se žije snadněji, protože má více dovedností a schopností než jedinec s chudším složením, a proto má větší míru přizpůsobivosti na měnící se podmínky existence. Bohatý kompozit tvoří i větší citlivost duše, jemnost jejího vnímání.

Je důležité pochopit, že kompozit není jen složením aktuálně dostupných kvalit, ale také jejich jednocelostivost vzájemného působení. Každá kvalita musí určitým způsobem komunikovat s jinými kvalitami, ovlivňovat je a oni ji.

Stejným způsobem jsou propojeny i buňky lidského materiálního těla. Každá z nich je samostatná a nezávislá, ale zároveň jsou všechny propojeny a tvoří jeden organismus.

Tentýž organismus vytváří kompozit z hlediska kvalit. Jednota pomáhá formovat celistvý charakter jedince, kombinace vlastností vytváří odstín jeho individuality.

Jak se shromažďuje energie v matrici a v jakém množství?

Energie se shromažďují prostřednictvím činů, pocitů, myšlení. Jejich shromažďování je přísně definováno nejen kvalitativně, ale i kvantitativně.

Kvality energií nashromážděných matrici jsou nastaveny Úrovní, kterou jedinec prošel. To znamená, že stanoví možné složení kvalit, které mají být získány, a také stanoví jejich kvantitativní soubor, protože každá kvalita na Úrovni má své vlastní ukazatele.

Jedna Úroveň je rozsah energií jednoho typu. A z určitého typu materiálu lze postavit omezený počet kvalit. Pokud máte například sto cihel, pak se vší své fantazií dokážete postavit určitý počet staveb. Podobně omezený počet energií dává omezený počet kvalit.

Nebeští Učitelé nastavují kvality s přihlédnutím k orientaci duše k Vyššímu cíli. Proto jsou programy pro jakoukoli Úroveň rozvoje založeny na získání několika stabilních vlastností duší.

Počáteční Úrovně obsahují málo vlastností. Pokud je duše na prvním stupni rozvoje, musí sbírat do matrici energie určitého typu odpovídající této Úrovni a vytvářet energetický potenciál, který také odpovídá jeho horní hranici.

Buňky matrici musí být naplněny specifickými druhy energií, proto je po dokončení každého stupně rozvoje všechny prohlíží Vyšší pomocí speciálních technických zařízení jemnohmotného plánu. Tímto způsobem se zjistí, o jakou kvalitu, v jakém stavu se jedná. Po zjištění přesného stavu buněk, typu nashromážděných energií a jejich množství vybudují Vyšší pro jednotlivce nový program, ve kterém mu vybírají situace, aby pokračoval v budování již existujících energií, tedy aby pokračoval ve stavbě kvality. A v tomto ohledu Vyšší vytvářejí podmínky pro formování vlastností, charakteru a talentů jednotlivce. A pak vše závisí na jeho volbě.

Čím vyšší Úroveň, tím rozmanitější vlastnosti je jedinec schopen vyvinout. Různé Úrovně mají konkretní soubor vlastností, které může duše rozvíjet, ale nemusí je všechny ovládat. Získává je volbou, ale hlavní podmínkou pro přechod na vyšší stupeň je vytvoření **sumárního energetického potenciálu** kvalit odpovídajících další Úrovni.

Jsou vlastnosti, které se rozvíjejí pouze v rámci jedné Úrovně, například kvalita zpěvu, veršování, a jsou i takové, které pokračují v budování věčně, například kvality tvorby, sebeuvědomění, sebeovládání a tak dále.

Čím vyšší Úroveň, tím více nových kvalit je nutné, aby si duše osvojila, za předpokladu, že formování předchozích pokračuje. A přitom čím vyšší osobnost z hlediska stupně rozvoje, tím více vlastnosti a kvalit by měla mít.

Člověk vykonává nějakou práci, skutky, něco cítí, trpí, miluje, nenávidí nebo zlobí se, a tím produkuje energie, které procházející jemnohmotnými obaly struktur jeho duše jsou jimi navíc zpracovávány do vyššího spektra frekvencí, než je ta spotřebovaná pro práci těla. Zároveň, pokud energie pocházející ze situací a emocí neodpovídají kvalitě, která by měla naplňovat buňky matrici, pak jsou uloženy v jemnohmotných obalech (hlavně éterických a astrálních, protože nízcí jedinci nejsou schopni myslet požadovaným způsobem a produkovat energie mentálního plánu). Jedinec se proto musí takových situací opakovaně účastnit, aby zlepšil kvalitu jím produkovaných energií na normativní ukazatele, které přispívají k jejich průchodu všemi energetickými těly do buňky matrice.

Zároveň každý jemnohmotný obal dodatečně zpracuje procházející energii a zvýší její kvalitu.

Jakákoli Úroveň, i ta nejnižší, má nejvyšší kvalitu energií odpovídající její horní hranici. A pouze energie nejvyšší kvality této Úrovně má právo přejít do buňky matrici.

Energie, která vstupuje do stejné buňky, se nikdy nemísí s tou, kterou již tato buňka získala dříve. Navíc se nemíchá s jejich jinými typy. Energetické tělo, které je blízko samotné matrice (vyšší energetické tělo), má mechanismus pro třídění energií podle jejich typů. Proto je každý typ energie směrován do buňky, ve které je jednodruhová kvalita. Pokud vstoupí nový typ energie, to znamená, že se staví nová kvalita, pak je (druh energie)* odeslánytřídícím mechanismem do prázdné buňky.

Uvnitř buňky se kvalita buduje podle hierarchických zákonitostem a je založena na produkci konkrétní funkce.

Energie se skládá z energetických složek, které se podle zákonů stavby buněk na sebe začnou vázat v přesně definovaném pořadí. Kvalita se utváří podle Úrovní, ale na základě životních situací, položených Vyššími do programu jednotlivce. A protože kvalitu dovést k dokonalosti v jednom životě nelze, musí se situace opakovat od inkarnace k inkarnaci, i když jimi jedinec projde bezchybně. V každém dalším životě mu Vyšší poskytují možnost zvýšit Úroveň své kvality, což znamená, že situace se budou komplikovat. Každá kvalita bude postavena v buňce prostřednictvím situací, dokud nebude její Hierarchie kompletně postavena, poté se (kvalita) přepne do automatického režimu činnosti.

Ale co je nejdůležitější, je třeba pamatovat na to, že jedinec bude vrácen do situací jedné Úrovně, dokud nenasbírá všechny druhy energií nezbytné pro tuto stupeň rozvoje. Teprve poté přejde k situacím další Úrovně. Správné řešení situací proto pomáhá urychlit rozvoj a zkrátit délku pobytu na Zemi. Jejich nesprávné řešení vede ke zvýšení počtu reinkarnací.

Všechny stavby kvalit jsou prováděny jako specifické mechanismy, které způsobují, že budovaná kvalita se projeví patřičným výrazem. Například kvalita umělce je postavena tak, že když (kvalita) dosáhne absolutna, člověk vezme štětec a přesně namaluje portrét jiného člověka a básník píše poezii na jakékoli téma za několik minut. To je přesně práce mechanismu kvality. Takže energie nahromaděné v buňkách mají přísně konkretní mechanismus činnosti. Pracují a vytvářejí určitý výsledek.

Kvality jsou mechanismy působení postavené z energetických složek jednodruhové energie různých Úrovní.

Takový systém shromažďování energií do matrici neznamená, že se všechny duše na konci rozvojového cyklu stanou stejnými. Volba a mechanismus individuality jim umožňuje zachovat si svou jedinečnost a individualitu.

Zákon budování buňky je diktován Řídící částí duše. Všechny energetické složky spadají pod její vedení. A protože patří k energii nejvyšší kvality, přísně dodržují všechna pravidla propojení, vytvářejí potřebné spoje a konstrukce.

Ale spojení energetických složek v jedné buňce se bude lišit od spojení energetických složek v jiné buňce, protože každá kvalita je postavena svým vlastním způsobem, individuálně. Proto také působí individuálně, má samostatný mechanismus stavby. Mechanismus každé kvality funguje svým vlastním způsobem, což zajišťuje konkrétnost jeho výsledku. Takže buňky, které mají analogii ve vytváření Hierarchie kvality, mají zároveň rozdíly.

S rozvojem jednotlivce začíná matrice z původně harmonické konstrukce nabývat různých konfigurací díky novým buňkám, které jsou do ní doplňovány. Ty se však začnou dokončovat až poté, co je primární konstrukce matrice zcela naplněna energiemi první Úrovně. Její vnější podoba se stejně jako vnitřní obsah neustále mění.

Vyšší Učitelé, vykonávající kontrolu nad tvorbou lidské matrice, používají číselné kódy. Každá buňka má svůj kód, který vyjadřuje množství energie, která by ji měla naplnit. Zařízení jemnohmotného plánu čtou tyto kódy a vydávají ukazatele odpovídající nahromaděným energiím: jejich množství, celkový energetický potenciál, získaná síla buňky, síla útvarů a tak dále. Se změnou množství nahromaděné energie v buňce se kód mění podle jejího plnicího objemu, takže se mění i ukazatele buňky. Úplné vyplnění odpovídá dokončenému kódu.

Do matrice se postoupí nejen kladné vlastnosti, ale i záporní. Pokud říkáme, že do buněk vstupují nejkvalitnější energie, neznamená to, že jsou pouze kladné. Energie záporných vlastností mají také přístup k matrici. Pokud se jedinec začal rozvíjet ve zlu, pak jemu odpovídající záporní energie (zlu) mají také s určitými ukazateli možnost procházet dočasnými obaly a hromadit se v buňkách.

Pokud jedinec udělá takové nahromadění ve svých prvních existencích, pak až deset životů v programech dostane příležitost pokračovat v rozvoji ve stejné záporní schopnosti, dělat volbu v situacích. Pokud během těchto deseti inkarnací nashromažďování záporných vlastností v matrice překročí soubor kladných vlastností, pak Vyšší Učitelé rozhodnou, co s takovou duší dál dělat: zničit ji jako vadu nebo ji předat Ďáblu.

Je mu dán jen určitý počet duší, aby byl zachován mocenský poměr mezi ním a Bohem. Vše, co se do tohoto čísla nevejde, je rozkódováno, ničí se osobní základ matric. Svým jednáním si tedy člověk sám volí cestu, na jejímž konci ho potká Bůh, Ďábel nebo rozkódování. Proto nahromadění vlastností v matricích během prvních deseti inkarnací na Zemi v podobě člověka má pro duši velký význam, ovlivňující její směřování do kladní* nebo záporní* Hierarchie. To znamená, že pokud má duše po stanoveném počtu inkarnací více nahromadění v kladní části duše, pak si ji Bůh vezme pro sebe. Pokud její nahromadění v záporní části převáží, bude předána Ďáblu. Při tom se nutně bere v úvahu závažnost spáchaných zločinů a porušení, jakož i schopnost jednotlivce postupovat.

Je třeba poznamenat, že sex bez lásky přispívá k hromadění záporných energií duší. Proto kázání nemanželských svobodných vztahů, otevřená kázání sexu, erotiky – to vše přispívá ke sběru energií duší, které ji dovedou do doupěte Ďábla. Láska naproti tomu pomáhá přeměňovat záporní energie na kladní kvality: uvádí do provozu v člověku zvláštní mechanismy přeměny. Proto je jeji přítomnost v člověku mocným transformačním mechanismem.

Proč ale mluvíme o závažnosti toho, co člověk udělal?

Jedna duše získává převážné množství záporných energií, protože neustále porušuje mravní normy: děla neřesti, líní se, krade maličkostí a tak dále, zatímco druhá zneužívájiné, zabíjí, krade ve velkém (a to poslední vyžaduje více intelektuální práce). Oba získají převládající množství záporných energií. Míra zavinění se však u nich bude lišit: pro některé – více, pro jiné – méně. Bůh rozkóduje duši, která zabíjí, protože nepotřebuje krutost. Tato kvalita nemá vyhlídky na rozvoj ve Vyšších světech, protože Podstaty jsou věčné a není koho zabíjet. Ale co je nejdůležitější, Bůh netoleruje krutost. Takže většina duší sezaporným složením vlastností, nahromaděných za přitěžujících okolností, bude rozkódována. Ale samozřejmě je každá duše posuzována individuálně a vše závisí na názoru Vyšších Soudců – k jakému rozhodnutí dojdou. A vše, co se děla v maličkostech, se pak řeší podle karmy.

Poté, co duše prošly deseti testovacími životy a byl určen jejich přesný pan – Bůh nebo Ďábel, se jejich rozvoj liší. Duše Boží mají nadále právo vybrat si kvality, které mají získat, a vybudovat si vlastní kompozit podle svých osobních přání, ale v rámci programu. A duše, které přešly k Ďáblovi, ztrácejí svobodu a začínají se rozvíjet podle přísných programů, roboticky. Cítí, že je neodolatelně přitahuje dělat to či ono a nedokážou vysvětlit své sklony a činy. A to je právě působení přísného programu, který nejsou schopni přemoci. Takovým robotickým způsobem staví svůj kompozit a skládají ho z těch vlastností, které jsou potřebné Ďáblovi.

To znamená, že kompozitzáporných jedinců na Zemi je zcela tvořen záporným Hierarchem podle jeho vůle a bez ohledu na přání svěřence. Jak je to pro Něj prospěšné a jak to vyžaduje další existence v Jeho Hierarchii, tak to Ďábel i dělá.

Záporní Hierarcha buduje programy tak, aby buňky matric jeho podřízených byly naplněny zápornými energiemi, které potřebuje, a jedinec si vybudoval kvality odpovídající zdokonalení v Jeho Systému. To znamená, že nízké duše, které k Němu přešly po deseti životech, se budou na Zemi dále rozvíjet až do stejné sté Úrovně jako kladní duše. Ale jejich rozvoj již probíhá různými způsoby a duše přicházejí na tuto stou Úroveň se souborem opačných vlastností.

Lidé, kteří tomu nerozumí, věří, že pokud je člověk chytrý nebo zastává vysoké postavení, patří Bohu. To je ale mylný názor. Ďábel také učí své duše poznávat svět, budovat ho, vést podřízené a další věci, které jsou vyžadovány pro život ve společenství rozumných Podstat. Takto záporní jedinec se tedy na první pohled nijak neliší od kladného. Je třeba také vzít v úvahu, že Ďábel své podřízené vždy maskuje do vhodného prostředí a obdaří je stejnými způsoby chování, které jsou charakteristické pro většinu. Pouze pečlivým pohledem na vlastnosti osobnosti, znalostí základních rozdílů mezi stylem chování kladných a záporných jedinců lze zjistit, ke kterému Systému – Bohu nebo Ďáblovi – patří.

Trojjedinost však zůstává zachována v kladných i záporných duších, protože všechny byly původně postaveny Bohem a tato konstrukce je nadále udržována a uchovávána s přítomností kladního a záporního v matrici navždy.

Kapitola 8

ZROZENÍ VĚČNÝCH PROCESŮ V DUŠI

Věnujme pozornost původu věčných procesů v duši. Ve skutečnosti jsou všechny naše knihy věnovány odhalení tohoto tajemství. Bez ohledu na to, o jak složité a obtížné pochopitelné pojmy, které existují v Universu*, můžeme mluvit, je to všechno rozhovor o těch procesech, které se dříve nebo později, po dosažení určité Úrovně rozvoje, zrodí v naší duši. Proto je tak důležité je chápat, překračovat těžkosti s pochopením nového, abychom je v sobě začali budovat ve vhodném stadiu zdokonalování bez chyb a degradačních momentů.

Potíže jsou samozřejmě odpudivé a vědomí, že to, co před vámi leží, není ráj a blaženost parazita, ale stále větší škála povinností, zodpovědnosti a nepřetržité práce, mnohé odradí. Ale ti, kteří chápou, že je to nevyhnutelné, a chtějí urychlit své zdokonalování, mají příležitost tak učinit již nyní, když pochopí nové, které nám odhalili Nejvyšší Učitelé.

Potíže s vnímáním těchto informací jsou spojeny se zpožděním lidstva v rozvoji. A mezera se musí vyrovnat. Trpělivost a píle proto pomůže každému překlenout propast mezi tím, co bylo plánováno, že obdrží Nejvyšší Učitelé do konce éry Ryb, a tím, co máme ve skutečnosti.

Dovolte mi připomenout, že nyní má lidstvo ve svém celkovém počtu tři až šest procent rozvoje fyzického mozku místo plánovaných padesáti procent. Rozdíl je značný.

Z tohoto důvodu se některé pravdy, o kterých píšeme, zdají jednotlivým čtenářům tak neuvěřitelné, že mohou říci, že autoři se stali tak příliš chytrými, že se zbláznili, jak to lidé při přetížení často dělají.

Ale pokud člověk něčemu nerozumí, pak je problém v něm samotném, a ne v tomto "něčem". A věčné procesy jsou právě to neobvyklé a úžasné "něco", co je třeba pochopit a přijmout jako realitu.

Věčné procesy, které existují ve vnějším světě, nakonec přecházejí do vnitřního stavu formy, která žije v tomto světě. Přechod ale neprobíhá svévolně a ne proti naší vůli, ale na základě sebestavby.

Pravda je prostá: duše, která přesně naplňuje požadavky a zákony vnější existence, "tímto naplněním" v sobě buduje podobné vnější procesy. Vlivem dodržování zákonů a zvláštní energetické struktury duše přecházejí z vnějšího objemu do vnitřního. **Je to druh difúze.**

Pokud člověk dodržuje morální zákony společnosti, stává se vysoce morálním, protože jejich systematické provádění vede k odpovídajícím stavbám v buňce matrici. Je v ni vybudována hierarchie dané kvality, a když dosáhne (kvalita) absolutního stavu pro dány plán existence, přejde do automatického režimu působení a začne jedince ovládat již navzdory jeho přání.

Takový jedinec neklesne k vulgárnosti a nízkosti, protože zákon, který je v něm již vybudovaný jako funkce, bude automaticky fungovat za určitých podmínek existence a bude ho chránit před degradačními momcnty. Takzvaný "reflex" u člověka bude fungovat tak, že ani nestihne pochybovat, zda to má udělat, nebo ne.

Ve skutečnosti vše, co člověk označuje jako nepodmíněné reflexy chování (nikoli však reflexy těla), je projevem mechanismů kvalit buněk matrici. Tyto "reflexy" duše nashromáždila v předchozích fázích rozvoje a mají hierarchickou strukturu.

K průchodu další úrovní je potřeba mnoho reflexů, aleneprojdou výše, to znamená, že se pak nepoužijí. Slouží však jako základ, základ pro budování vyšších procesů, které bez nich nejsou schopny v dané duši vzniknout. Všechno nové vyžaduje přípravný základ.

Pokud jde o reflexy materiálního těla, s tím souvisí program rozvoje konkrétní formy (pták, plaz, zvíře).

Vraťme se ale k důvodu soustředění naší pozornosti na morálku a mravnost. Neustále je uvádíme jako příklad, neboť pojem morálky, který se projevuje v procesu odmítání nízkosti, bude jasnější než povědomí o působení podobného procesu například ve funkci generace.

Každý člověk, chce-li, může v sobě najít fungující zákony vnějšího světa; zákony společnosti, které přešly do zákonů jeho chování a norem života. Ale to je to, co může vidět takříkajíc pouhým okem v sobě. Zároveň je třeba vzít v úvahu, že všechny jeho úspěchy byly postaveny na několika inkarnacích. A to zase vypovídá o tom, jak důležité je ovládat své chování v jednom životě, abychom řídili svůj vlastní rozvoj a pomáhali Vyšším v jejich snaze dovést člověka k co nejrychlejší dokonalosti.

A také bychom se měli pozastavit nad jedním důležitým bodem, který pomáhá urychlit zdokonalování jedince. To je poslušnost. Samotné slovo zní pro moderního člověka poněkud staromódně. Poslouchejte své starší a dělejte, co říkají – to je staré chápání slova. Ale co je jeho podstatou? Jaký je tajný význam?

Poslušnost je dobrovolné, vědomé přijetí pravidel, norem, zákonů diktovaných nadřízenými jednotlivci.

Ve skutečnosti je to stejné jako přísný program Ďábla. Jedinec, který o ničem jiném ví málo, musí dobrovolně na vlastní přání přesně splnit vše, co řeknou starší, kterým se dařilo v poznání života. Byli před ním v rozvoji a sdíleli s ním své osobní zkušenosti, aby nedělal chyby a přispíval tak k urychlení svého rozvoje.

Poslušnost znamená přesné následování a plnění mladším toho, co požaduje starší. A pokud se tak stane, jedinec s využitím zkušeností druhých urychlí svůj postup a vyvaruje se osobních chyb.

A co vyjadřuje přísný program Ďábla? Vyjadřuje také přesné a nezpochybnitelné podřízení, které nebere v úvahu přání jednotlivce a neposkytuje svobodu volby v situacích. Jednotlivec také musí dělat přesně to, co mu jeho nadřízení diktují.

Ukazuje se, že poslušnost v kladném* Systému rozvoje hraje stejnou roli jako přísný program Ďábla v záporném* Systému, který z jedince dělá robota. Jedno i druhé vyžadují od jednotlivce přesné plnění toho, co diktují starší.

Ale jaký je tedy rozdíl mezi přísným, robotickým prováděním programu u Ďábla a prováděním téhož u Boha?

Rozdíl je v tom, že poslušnost je dobrovolné podřízení, zatímco dodržování přísného programu je nucené podřízení. Pokud to zvážíme podrobněji, pak záporní jedinec provádí jakoukoli činnost, která není z vlastní vůle. Ďábel to nikdy nebere v úvahu. Osoba, která ho poslouchá, je slepým činitelem Jeho vůle. Duše, která Mu patří, dělá vše nedobrovolně, protože nemůže jinak. Program ji přiměje dělat vše, co po ni záporní Určovatelé chtějí, a nemůže překročit hranice programu. Takhle je stavena.

A kladní jedinec dělá vše, co se mu řekne, podle libosti, to znamená, že se nemusí podřídit a rozhoduje podle toho, jak situaci zvažuje. Poslušnost – to je přítomnost vlastního přání pro provádění jakékoli činnosti. Poslušnost pomáhá jedinci rozvíjet důvěru a svědomitost: člověk se musí naučit rozumět tomu, co dělá, proč, jaké budou důsledky jeho jednání, a hlavně pochopit, proč by měl poslouchat své nadřízené.

Poslušnost však neznamená, že se má poslouchat každého a kohokoli. Vždy by to mělo být spojeno s uvědoměním si toho, co se děje. Na Zemi žije člověk ve smíšeném světě mezi dobrem a zlem, kolem něj jsou kladní i záporní osobnosti. A ty poslední mohou kladného jedince vyprovokovat k neslušnému jednání a špatnému řešení situací. Proto je při poslušnosti nutné více rozumět tomu, co je dobré a co špatné a co k čemu vede. A to právě znamená začlenění do práce uvědomění jedince a jeho myšlení.

To vše v něm rozvíjí vysoké vědomí a chápání toho, co je třeba udělat pro dobro a co se dělat nemá, protože z toho vznikne zlo.

Poslušnost pomáhá jedinci rychleji a správně formovat své vědomí a následně v něm správně a přesně budovat věčné procesy.

Zde je však nutné počítat s možností zasahování záporného Systému do problematiky výchovy. Bude se snažit prostřednictvím poslušnosti vnutit jednotlivci své kvality, to znamená donutit naivního jedince k záporným skutkům a vystavit je v přijatelném světle. Někdy může být kladní člověk veden záporným vedoucím. Proto je v poslušnosti také nutná opatrnost, jedinec musí do procesu poslušnosti zahrnout své úvahy o tom, k čemu jeho jednání povedou, a vyhodnotit je. A to poslední je pravě důležitý aspekt v kvalitě poslušnosti.

Sebehodnocení a přemýšlení je zrakem duši, jedinec musí uvědoměním vidět, co dělá a jaké to bude mít důsledky. A záporní jedinec vždy dělá všechno slepě, nerozumí tomu, co dělá a proč. **Věčné procesy v něm jsou uměle budovány až do středu Hierarchie Ďáblana základě nejpřísnějšího plnění programů.**

Ale jak se budují celkem?

Počáteční duše není schopna v sobě vědomě vytvořit něco potřebného. Proto také budování její (duše)* je prováděna uměle podle programů vyvinutých Shora. Hlavní mechanismy rozvoje a stavby uvnitř matrice jsou stanoveny, jak jsme si řekli výše, zpočátku během vytváření matice. Ale to nestačí.

Duše mají různé cíle rozvoje, jsou určeny pro různé formy, proto v nich musí fungovat různé procesy a mechanismy. V matrici rostliny budou vybudovány jedné procesy a v matrici zvířete jiné, protože patří do různých plánu existence, různých Úrovní, postavené na vlastním rozsahu energií a vlastních technologií. Každá forma je určitá Úroveň rozvoje.

Aby mohly žít ve správném světě a situacích, spojují se duše s programy a dalšími jemnohmotnými konstrukcemi, které v nich uměle, a to znamená nuceně, začnou budovat procesy, které na této stupni zdokonalení potřebují.

Uvnitř člověka se také začínají nuceně budovat věčné procesy. Na budování se některých procesů podílí jeho volba a na budování se jiných však nepodílí, protože jim člověk ještě není schopen porozumět. Vědomé formování některých funkcí v sobě u jedince začíná teprve od okamžiku, kdy si uvědomí potřebné pojmy. Vyšší proto nyní dávají lidem tyto nové pojmy, které se jim zatím zdají podivné a neskutečné.

Vezměme si například takový koncept, jako je Podstata Zákonu, to znamená, že se jedná o nějaký velmi rozumný Stav*, který se vybudoval v nějaké konkrétní kvalitě. Což znamená, že je schopen přesně plnit funkci této kvality a při tom zároveň přebírá odpovědnost za kontrolu budování stejné funkce v jiné formě. A aby byla zajištěna kontrola nad rozvojem člověka, je tento Stav, například Podstata Zákonu Jednoty, spojen s jeho duší a pod vlivem tohoto Stavu se jedinec učí sjednocovat se s okolním světem. Zároveň tato Podstata* udržuje jednotu všech svých fyzických a jemnohmotnýchkonstrukci po dobu určenou programem.

Tuto pomocnou konstrukci nazýváme matricí Zákona. Může se odpojit od duše, například při její rozkódování; může se připojit při jejívtělení. Ale když duše přejde do věčné existence, pak se pomocná struktura promění ve její trvalou sounáležitost a pokračuje v pokroku spolu s ní. Současně je mnoho pomocných struktur, jako je například impulzní prstenec, centrum-mozek pohlavi, zcela odstraněno z oběhu, protože dokončily své úkoly.

Poté, co si duše člověka vyvine trvalé kvality a následně procesy, které jí umožňují nepřetržitě fungovat požadovaným směrem, přestane se reinkarnovat a přejde do věčné existence. Čili, aby se člověk stal nesmrtelným, musí uvnitř svých jemnohmotných struktur vybudovat neustále fungující věčné procesy.

Nebo si vezměme jiný příklad: přechod funkcí vnějšího světa do vnitřních procesů duše. Člověk dobře zná slovo "kondenzace", které vyjadřuje proces kondenzace vodních par s jejich dalším srážením a jejich přeměnou na vodu. To se děje ve vnějším prostředí. Ale totéž platí pro duši. Jakékoli shromažďování energie v buňce matrici s nárůstem jednotlivých složek v jejím objemu vyjadřuje stejnou známku kondenzace, protože růst shromažďovaných energií vede k zahušťování energetických složek buňky a přeměně těchto akumulací na novou kvalitu.

Jak ve vnějším prostředí, tak uvnitř matrici probíhají podobné procesy. V tomto případě je zahušťování složek určitého objemu doprovázeno přeměnou akumulací do jiného kvalitativního stavu. Ale tento složitý proces se stále buduje v duši jednotlivce nevědomě, tedy uměle, na základě programů sestavených Vyššími. A ten (proces) začíná být od určitého okamžiku řízen Stavem Kondenzace.

Zatímco se tento proces buduje, konkrétní zkušenost se nutně shromažďuje podél jeho průběhu v nějakém odděleném objemu, nebo spíše v zduchovněné Substance*, která se rozvíjí společně s jednotlivcem. Shromažďuje také zkušenosti, jako jednotlivec, ale jedná se o specializovanou zkušenost, to znamená, že uvedený Stav se rozvíjí samostatně jako proces kondenzace a po dosažení určitých ukazatelů v těchto znalostech a praktických zkušenostech se (Stav) samostatně začne řídit tuto operaci, současně provádět nad ní a kontrolní funkci.

Stav Kondenzace je budován jako samostatná nezávislá funkce duše za účelem převedení jedince do věčné existence, což vyžaduje neustálé fungování tohoto procesu. A v tomto přechodném okamžiku člověk by měl mít mnoho takových Stavů, přesněji určitý počet.

Provádějí sebekontrolu těch procesů, které pomáhají osobnosti nepřetržitě existovat bez inkarnací. Všechny procesy v něm musí probíhat v automatickém režimu, ale zároveň je každý Stav postaven ve stejné hierarchické zákonitosti jako duše samotného jednotlivce.

Takové Stavy si člověk těžko dokáže představit a pochopit jejich práci, ale pro názornost se vraťme k jeho fyzickému tělu. Jakýkoli orgán, buněčný, cévní a jiný systém pracuje na základě řízení analogickými Stavy přiblíženými k fyzickému plánu. Ale protože současná stupeň lidského rozvoje je nízká, takové Stavy zatím nejsou nezávislé a pracují periodicky na základě individuálních programů.

Člověk například nijak zvlášť nepřemýšlí o tom, jak krev zvládá v jeho těle vykonávat velmi složitou a extrémně přesnou práci. Odvádí všechny nepotřebné látky, toxiny z buněk těla, jedy z ledvin, jater, odvádí je do střev a močového měchýře, aby je odstranit z těla. Krev "zná" své osobní složky a cizí složky, které do ní vstupují za účelem odstranění. Své a cizí si neplete, i když by svou nerozumností mohla něco splést a místo toxinů z vlastních toků odstranit erytrocyty a leukocyty. Ale přesně ví, co odstranit a co nechat.

Zároveň krev zásobuje buňky těla živinami a kyslíkem. Ve svém složení si zachovává určité chemické složení, dodržuje potřebné fyzikální parametry.

Toto je krátký a přibližný seznam její práce v normálním režimu. A v období nemocí člověka krev funguje ve zcela jiném režimu. Se zvýšením teploty, během zánětlivých procesů, v krvi se počet erytrocytů několikrát zvyšuje, to znamená, že krev "ví", která z jejích složek by se měla zvýšit. A když je kůže naříznuta, krev "ví", jak zastavit její únik z těla, a v místě poranění zhoustne a ucpe otvor. A tak dále.

Připomínáme to jen proto, aby si člověk zapamatoval, co je součástí funkcí krve. A to je opravdu grandiózní dílo, které zahrnuje procesy výpočtu a kontroly. Ale k provádění takové činnosti je také zapotřebí zvláštní zduchovněný Stav jemnohmotného plánu, který má zvláštní strukturu a je obdařen určitým stupněm inteligence. Toto je centrum-mozek krve. Patří také k energetickým strukturám a jeho činnost je spojena pouze s prací krve. Toto, stejně jako impulzní prstenec člověka, je pomocnou strukturou fyzického těla, která pomáhá tělu fungovat. Jeden genový kód, který prý zpočátku vše nastartuje k práci, k životu nestačí.

V éterickém obalu je mnoho jemnohmotných struktur, které člověku pomáhají žít v materiálním světě. Obal není jen prázdný objem naplněný energií uvolněnou tělem, jako vzduchem. Pro všechno v něm existuje přísně konkretní místo.

Jakékoli jemnohmotný obal je složitá struktura naplněná různými mechanismy, stejně jako fyzické tělo. Pokud by člověk viděl, co v nich je, žasl by nad složitostí jejich zařízení a mírou jejich naplnění. A mnohé, co napomáhá funkcím lidského těla, se nachází v éterickém energetickém těle, takže jsou velmi úzce propojeny a ve své práci jsou považovány za jednotné. Ale po smrti člověka jsou všechny pomocné struktury nacházející v éterickém energetickém těle rozebrány do stavu, který lze použít v následujících formách.

O tom všem jsme se začali bavit, abychom pochopili jednu věc: vše, co člověk považuje za samostatnou činnost, je vlastně řízeno z jemnohmotného plánu a nutně zahrnuje programy. Při tom, jak jeden, tak druhý jsou vyvíjeny Vyššími konstruktéry, kteří jsou v Hierarchii Boha a Ďábla. Ale to nižší je ovládáno živými Stavy vyššího plánu. Proto je člověk také v rozvoji veden Esencemi vyššího řádu, než je on sám. To umožňuje řídit budování věčných procesů uvnitř jeho matric.

Odkud tyto Stavy pocházejí?

Pro počáteční formy, které jsou na prvních stupních rozvoje, jsou vytvořeny Vyššími, spojeny s nezbytnými konstrukcemi a jednají podle programů, které jim opět dávají Vyšší Vývojáři. Plněním prvních programů, dalo by se říci, nuceně, získávají první zkušenosti a postupně se rozvíjejí směrem, který vyžaduje Vyšší. Jde o cílevědomé formování rozvoje tohoto Stavu v určité kvalitě.

Podobné Stavy, když se spojují s živými formami jako pomocné konstrukce, je rozvíjejí a paralelně se rozvíjejí samy. Jejich zkušenosti se prolínají. Ale každý se zdokonaluje ve svých vlastních kvalitách: forma – ve své vlastní, Stav – také ve své vlastní.

V prvních stupních rozvoje matrice duší je počet řídících Stavů minimální. Ale jak se Úroveň zvyšuje, jejich počet taky roste.

V počátečních fázích jsou věčné procesy budovány v omezeném množství v duši a po velmi dlouhou dobu nejsou schopny pracovat samostatně. Čím výše se duše stává, tím více nových procesů,jdoucích do nekonečna, se v ní rodí.

Proč například člověku příští šesté rasy přidávají dva nových jemnohmotných obalu?

Faktem je, že přechod do dalšího etapu rozvoje vyžaduje vybudování v duši člověka nových věčných procesů, které se nevejdou do starých energetických těl. Navíc neodpovídají novým procesům z hlediska energetického rozsahu, se kterým budeme muset v budoucnu pracovat. To znamená, že nové obaly by měly mít zabudované mechanismy pro přeměnu energií vyššího rozsahu, než se kterými musel člověk pracovat dříve. Každá energetická frekvence přirozeně vyžaduje svůj vlastní mechanismus, jak s ní pracovat. A tyto mechanismy přispívají ke vzniku nových procesů v duši, které se budou nějakou dobu uměle rozvíjet a od určité Úrovně svého rozvoje přejdou do samostatného režimu fungování.

Ke stávající konstrukci duše se proto speciálně přidávají nová energetická těla, z nichž každé je určeno pro energie určité Úrovně, obvykle vyšší. Duše sice může být poslána do nějakého paralelního světa pro shromažďování energií stejné Úrovně, ale jiné kvality.

Ale pokud mluvíme o člověku současného přechodného období, pak jsou uvnitř jeho obalů uloženy mechanismy a konstrukce, které zajišťují budování věčných procesů v duši dalších dvou Úrovní. A odtud se v konstrukcích objevují dvě nová energetická těla, která ovlivní činnost všech ostatních obalů, protože fungují společně. Řetězec příčin a následků v tomto ohledu povede ke změně způsobu existence člověka, protože budování nových procesů vyžaduje nové technologie pro jejich zpracování, vyššího řádu než ty předchozí, a to bude přesně spojeno se změnou životního stylu. Člověk šesté rasy začne žít jinak než člověk páté rasy.

Co je tozpůsob života člověka?

Jedná se o účast v různých technologiích světa pro zpracování energie. To znamená, že člověk účastí v různých situacích zahrnujících myšlení, emoce a pocity s jejich pomocí zpracovává jeden typ energie na jiný. A člověk šesté rasy provede mnoho nových činností, které nejsou charakteristické pro člověka páté rasy, protože to souvisí s rozvojem nového spektra jím zpracovávaných energií. Naučí se například myšlenkou pohybovat předměty na dálku, levitovat, číst myšlenky druhých a tak dále. Vznik nových stálých procesů tedy vyžaduje vybavit duši novými jemnohmotnými konstrukcemi, novými řídícími Stavy a změnou způsobu života.

Přesněji řečeno, ke vzniku nových věčných procesů nepřispívá každá Úroveň, ale pouze průchod určitého počtu z nich.

Žák tak například ve škole začíná studovat fyziku nebo trigonometrii nikoli od první třídy, ale poté, co po absolvování několika stupňů základní školy získá dostatečnou úroveň pojmů, které přispívají k pochopení těchto nových předmětů. A jakmile je žák začne studovat, začne ve své matrici pojmů budovat nový smyslový postup.

Aby mohl studovat na vysoké, bude také muset nashromáždit ještě více znalostí. Každá třída může být brána jako Úroveň a škola a vysokoškolská instituce jako různé stupně rozvoje. Druhý stupeň je ale možný až po absolvování prvního, čímž se vytvoří požadovaná znalostní báze.

To jasně ukazuje, že pro vznik nových pojmů a následně i procesů se jedinec potřebuje určitým způsobem budovat, shromažďovat potřebné informace a praktické zkušenosti. Taková souvislost ve formování nového na základě starého pokračuje ve všech fázích zdokonalování duše.

Aby se tedy mohl zrodit nový proces, duše se musí požadovaným způsobem připravit, aby konstruktivně a z hlediska energetických ukazatelů odpovídala funkcím další vyšší Úrovně rozvoje, protože každá z nich (funkce)* je určena pro určitý výkon a energetický potenciál.

Všechny ukazatele v jakémkoli procesu musí být spojeny dohromady, přičemž musí být zachována nejpřísnější shoda. Pokud se však nový proces začne připojovat k "nezrálému", což znamená k nedokončenému, pak, zpočátku disponující silnějším potenciálem vyšší

Úrovně, začne ničit vše, co mu předcházelo. A aby se tak nestalo, nové začnou stavět až po důkladné kontrole starého, které musí splňovat určité normy.

Pro člověka může taková zkouška někdy v domácím a společenském plánu vypadat jako opakování nějaké složité situace. Pokud testovaná kvalita byla u něj pevně vyvinuta, pak své činy v podobné situaci v životě zopakuje. Pokud se například v jedné situaci zřekne dědictví po bohatém příbuzném ve prospěch chudých příbuzných a poté se o dvacet let později zřekne dědictví ve prospěch jiných v domnění, že to, co má, mu bude k životu stačit, pak má tedy kvalitu sebeuvědomění již provedenou ve správné míře.

Opakování situací však pro člověka nejčastěji vyjadřuje něco jiného, totiž rozvoj nějaké kvality na požadovaný standard, tedy její budování ve správném sledu. Těžko člověk posoudí, jestli ho zkoušejí, nebo nutí dostavovat nedodělky. V každém případě je však povinen být maximálně upřímný jak k sobě, tak k ostatním, pamatovat na to, že vše chybné, jako vadné, bude z něj vyčištěno, demontováno a pak bude nucen tentýž problém řešit znovu a dosáhnout požadovaný výsledek.

Podstata tohoto výsledku spočívá ve skutečnosti, že pouze určitý sled činností požadované kvality poskytne potřebnou stavbu v buňce matrice. Požadovaný výsledek naznačuje, že vše proběhlo v pořádku. Jiné výsledky vedou k nesprávné stavbě. Člověk je proto pořád nucen řešit situace správně a snažit se získat odpověď, která odpovídá požadavkům Vyšších, a tudíž je konstrukčně správná.

Vezměte jakoukoli chemickou reakci. Pouze specifickým uspořádáním molekul, jako je uhlík a kyslík, vzniká oxid uhličitý (CO_2). Pokud se molekuly spojí v jiném pořadí, získá se další látka, například oxid uhelnatý (CO). A je zcela pochopitelné, že pokud Vyšší požadují oxid uhličitý, pak vše ostatní, co neodpovídá požadovanému, zahodí jako vadu.

Ale to jsou stavby fyzické materie a mluvíme o energetických procesech. V nich pouze určité řešení situací (domácích, společenských a jiných) vede k tomu, že duše získá potřebné výsledky. Proto jejich (výsledky) dosahují více než jeden život. To vše se ale nakonec ukáže jako nezbytné pro samotného člověka, pro vybudování dokonalých vlastností, které jsou vyžadovány pro věčnou existenci. A zde můžeme vyvodit **hlavní závěr o důvodu přítomnosti karmy u člověka v Systému Boha.**

Karma je oprava chyb minulosti, to znamená, že je to mechanismus pro důsledné utváření kvalitativního procesu v duši jedince s konečným obdržením konkrétního výsledku.

To znamená, že v novém chápání tohoto pojmu jako energetického procesu lze říci toto.

Karma je způsob budování potřebného energetického procesu v duši jedince se systematickým odstraňováním nesprávných článků v řetězci jemnohmotných konstrukci. (Mazání se provádí po smrti jedince.)

Ale jak to má být spojeno s představou, že karma je pro člověka odplata za minulé činy?

Na domácím a společenském plánu se lidské jednání dělí na správné a špatné. Pokud jedinec jedná ve volitelné situaci, jak to vyžaduje Vyšší (a Ty vyžadují, aby člověk dosáhl vyšší morálky a uvědomění), pak ve své duši shromažďuje potřebné typy energií a stavba v buňkách matrice na základě vysoce kvalitního materiálu je správně provedena.

Učiní-li v nějaké situaci chybnou volbu, pak nehromadí energie, ktcrć jsou nezbytné k vybudování stálých funkcí v něm samotném. Energie špatné kvality, tedy nenormativní, se do matrice neukládají, zdrží se v jemnohmotných obalech a buňky zůstávají prázdné. V matrici neprobíhá žádná stavba. Život plyne a potřebné nashromáždění nejsou získány. Ukazuje se, že člověk plýtvá energií, přidělenou Vyššími k životu, na nejrůznější zábavy a příjemné kratochvíle, a to je právě přenos vyšších energií daných Učiteli do nízkých procesů. Energie pro Vyšší je stejná jako pro člověka peníze. Jedinec si je proto musí v budoucnu odpracovat pomocí obtížných situací nebo nemocí, kterým se již říká karmické.

Podívejme se na následující příklad. Člověk se dostane do situace, ve které může druhému ukrást peníze. V tomto případě jsou možné dvě cesty: nikdo ho neuvidí; nebo sám opustí pokušení, ale ztratí nějaké potěšení. Pokud krade peníze, pak provádí činnost, která vede k jeho produkci špinavých energií, ty se ukládají do dočasných obalů.

Jednání ve spojení s morálními zákony dávají kladní energie, pokud jsou zákony splněny, a naopakzáporní energie, pokud nejsou splněny. Morální a etický aspekt jednání je nezbytně důležitý. Provádí rozdělení energií na kladní a záporní, vysoké a nízké při provádění činů až do určitých Úrovní.

Pokud dotyčný jedinec překoná pokušení a uvědomí si, že je to špatné, pak shromažďuje kladné energie, které jsou předány do matrice pro budování kvality poctivosti v buňce.

Je také možné, že jednotlivec nekrade peníze ze strachu, že ho někdo uvidí a bude pak potrestán. Zde vstupuje do hry kvalita strachu, nikoli uvědomění, nikoli sebehodnocení svých činů. Jednotlivec tedy produkuje energie, které nejsou v požadované kvalitě. (Nepáchá krádež, ne proto, že by si uvědomoval, že je to špatné, ale proto, že může být dopaden a potrestán). Proto budou jím produkované energie nízké kvality a usadí se v dočasném obalu, ale nebudou použity k budování věčných procesů. A pak budou odstraněni jako vadné.

Podobné situace se budou v člověku opakovat, dokud si nevyvine přísnou kvalitu poctivosti nebo dokud ho jeho vášeň pro krádež nezavede do záporného Systému.

Ale v každém případě o něj Vyšší učitelé budou nějakou dobu bojovat, a proto mu budou ukazovat, že to dělá špatně. Jako odplata za špatné činy ho budou následovat tresty: bude zbit za krádež, uvězněn, utrpí neočekávané materiální ztráty a tak dále. A to vše proto, aby ovlivnili jeho vědomí, naučili ho dělat správnou věc, a tím ho naučili budovat v sobě proces poctivosti.

Utrpení, které člověk zažívá, když je bit za krádež nebo když je ve vězení, kompenzuje energii vynaloženou na situace se špatnou volbou cesty nebo jednání. Utrpení je čistá energie. Také nutí člověka pochopit své chování a utvrdit se ve vlastní nesprávnosti nebo v touze pokračovat v záporném jednání s nesprávným hodnocením svého osobního života.

A tak obtížným způsobem: přes těžkosti života, útrapy, tresty a zkoušky – se člověk učí v sobě správně budovat věčné procesy. Sice to pro něj vypadá jako nízký život, ale na jemnohmotném plánu duše je to bouřlivá práce mechanismů, které produkují a transformují různé energie, seřazují je v požadovaném sledu a spojují do silných vazebných komplexů.

Uvedli jsme příklad rozvoje nízkých jedinců. Pro střední a vysoké osobnosti jsou situace složitější a rozmanitější a požadavky na ně jsou jemnější. Aby člověk udělal chybu, nemusí krást, ale stačí si například místo chytré knížky koupit lístek na prázdný koncert nebo nízký film a také místo toho aby dál jídlo žebrákovi, sní zmrzlinu sám. S každou činnosti budujeme sami sebe.

Samozřejmě je těžké neustále přemýšlet, zda je to dobře nebo špatně, ale dokud naše vlastnosti nepřejdou do automatického režimu působení, každý bude stát před volbou. Zároveň je třeba mít na paměti, že **volba, která učiněná v souladu se zákony stanovenými v dané společnosti, vybuduje věčné procesy v kladní části duše; a volba, která učiněná ve směru nedodržování zákonů, vybuduje věčné procesy v záporní části duše. Volba je dělič energií.**

Shrneme-li to, můžeme říci, že člověk s progresivním rozvojem buduje věčné funkce uvnitř své duše prostřednictvím vyplnění zákonů společnosti, světů, ve kterých žije, a zákonů Universu. Tím, že se naučí dělat to málo, naučí se dělat velké.

Zákony jsou potřeba ne proto, aby někoho potrestali, zbavili svobody a tak dále, ale aby vybudovali něco živého – duši, Veškerenstvo, Universum. Každý Zákon střeží život. Tím, že Zákon trestá malou duši (člověka) za neposlušnost, zachrání velkou duši (Bůh, Absolutno) před zničením. Proto je důležité, aby se každá rozvíjející se osobnost naučila vidět hlavní cíl, pro který byla stvořena a rozvíjí se.

Kapitola 9

POMOCNÉ KONSTRUKCE DUŠE

Člověk, žijící ve fyzickém světě a vnímající jej jako místo výskytu, si neuvědomuje, že v něm existuje jen díky řadě pomocných struktur jemnohmotného plánu, kterými je obdařeno jeho tělo i duše.

Svůj vznik v tomto světě vnímá velmi zjednodušeně – narodil se a začal ovládat vše kolem sebe... Zrození však předcházela namáhavá práce Stvořitelů. Nemluvíme o nich v jednotném čísle, ale v množném čísle, protože hlavní Stvořitel pro člověka je jeden, je to Bůh. A Jeho plány jsou doreality ztělesněny Podstaty – vyššími, inteligentními bytostmi, blízkými pozemskému plánu a vlastnícími kódy fyzické materie.

Mezi těmito Podstaty jsou ti, kteří se specializují na výrobu pomocných konstrukcí pro lidskou duši a také připravují spouštěcí kanál pro duši před její inkarnací v hrubohmotném světě. Ale to jsou úplně jiné osobnosti než Určovatelé, tedy než Nebeští Učitelé. Specializace je podporována i "nahoře" a každá Podstata si sama vybírá činnost, která je pro ni nejpřijatelnější.

Když je tedy duše spuštěna do pozemského světa, je připravena jednotlivými specialisty. Znovu jej spojují s řadou pomocných konstrukcí a zařízení. Ale do této záležitosti je nutně zapojen i Určovatel a v tomto procesu jsou mu přiděleny vlastní úkoly.

Vraťme se nyní k dalším konstrukcím lidské duše.

Kromě dočasných energetických těl, o kterých jsme již mluvili, zahrnují řadu pomocných matric. Matrice lidské duše je propojena s matricemi Zákonů, Času, Pojmů, Kvalit, Slova. Na rozdíl například od člověka je matrice duše rostliny spojena pouze s matricemi Zákonů,

Času a Kvalit. Ale mezi všemi pomocnými matricemi jsou hlavní matrice Zákonů a Času.

Lidská duše dostává pomocné konstrukce pro individuální použití po dobu inkarnace na Zemi.

Pomocnými konstrukcemi v tomto případě označujeme ty stavy, které pomáhají duši zdokonalovat se. A připomeňme, že se dělí na trvalé a dočasné.

Pokud jde o matrice, všechny, kromě matrice slova, jsou trvalými dodatečnými konstrukcemi duše, nadále se vyvíjejí spolu s ní (duší) věčně a přeměňují se ve složitější struktury.

Matrice slova je vyžadována pouze po dobu pobytu duše ve formě člověka, protože pouze u něj je vyvinuta řeč a přizpůsobeni většiny informací prostřednictvím slova. Ale po přechodu duše do jiné formy existence (například do formy Podstat v Hierarchii Boha nebo světech s telepatickými a jinými formami komunikace) je tato matrice odpojena a ponechává potřebné kvality a konstrukce v matrici pojmů.

V každém životě má jedinec osobní čas a své vlastní zákony, odpovídající jeho Úrovni rozvoje. Říkáme "odpovídající", protože každá Úroveň má svůj vlastní typ chování a přípustnost činností: co je povoleno pro nízké Úrovně, není povoleno pro vysoké Úrovně.

Všechny matrice spojené s novou formou si navzájem odpovídají z hlediska energetického potenciálu a tato shoda je udržována díky speciálním mechanismům pro rozvoj a přerozdělení energií ve všech fázích zdokonalování. To znamená, že existují tolerance pro ukazatele, v rámci kterých se mohou navzájem překračovat. Překročení tolerancí již může způsobit narušení konstrukcí a funkcí formy nebo přechod do jiného stavu.

Všechny matrice jsou spojeny s duší, a ne s fyzickým tělem, a proto smrt materiálního obalu neovlivňuje jejich vzájemné spojení.

A zde je třeba zdůraznit, že matrice samotné duše člověka z hlediska rozvoje je nižší než ostatní matrice k ní připojené, kromě matrice slova. Ale kvality získané duší mohou v budoucnu změnit směr jejího rozvoje. Matrice Podstaty může převzít funkci Stavu času a proměnit se v řídící substanci. Směr rozvoje se pak změní.

Ale taková změna funkcí bude vyžadovat přechod duše do jiného světa, kde budou fungovat jiné zákony. Takový přechod je však extrémně vzácný, protože matrice duše v tomto případě musí projít velmi dlouhou cestou rozvoje a podle toho se budovat.

Všechny matrice bytostí, jak víme, jsou standardní. Když ale jdou do různých světů, spojují se s různými pomocnými konstrukcemi, které pomáhají v těchto světech existovat a vykonávat potřebnou práci. Takové konstatování věci umožňuje matrici duše na počáteční fáze rozvoje projít prvními stupni z různých plánu existence: jak z materiálního, tak z jemnohmotného.

Díky takové stavbě může matrice duše budoucího člověka začít své zdokonalování z různých pozemských plánů: z formy minerálů a formy člověka.

Takové rozdíly ve startovacích příčkách existují pouze pro fyzický svět Země a nevztahují se na energetické světy.

Duše mohou začít svůj rozvoj z energetických světů umístěných pod Hierarchií Boha. Přesněji řečeno, malý počet duší pochází z fyzického plánu, jejich hlavním odrazovým můstkem jsou energetické světy umístěné pod první Úrovní Hierarchie Boha. Lze je nazvat přípravnými světy. Mají také svou vlastní Hierarchii. Bůh má mnoho jemnohmotných plánů, kde se matrice duší rozvíjejí vlastním směrem, ale v přísném sledu. Nejsou v nich různé startovní příčky. Tyto energetické světy jdou jako stupně lidské Hierarchie, z nichž žádný nelze obejít kvůli přítomnosti úrovňového sledu stavebních procesů v duši.

Když jsou dosaženy normativní ukazatele, duše z jemnohmotných světů, stejně jako duše lidí, také přecházejí do Hierarchie Boha, Ďábla nebo Hierarchie medicínského systému. Všechny duše, které existují ve čtyřech materiálních vesmírech, přecházejí do těchto Hierarchií, které jsou na jemnohmotném plánu.

Pomocné konstrukce pomáhají duším přesouvat se z jednoho světa do druhého na jednu inkarnaci, aby tam získaly nějaké zvláštní kvality nebo vykonávaly určitou práci, které duše jiných zde žijících tvorů nejsou schopny vykonat. (Tuto dočasnou práci obvykle dělají duše misionářů a poslů.)

Ale vraťme se k otázce průchodu duše počátečního stádia rozvoje na Zemi. Pokud se duše začala rozvíjet ze stadia minerálů, pak nemá právo přeskočit některou z výše stojících plánu existence, tedy Úrovni, a musí jimi procházet v přísném sledu.

Pokud začíná ze stádia člověka, pak obchází níže stojící plány minerálů, rostlin, živočichů. Všechny výše stojící plány lidské Hierarchie, nemá již právo přeskakovat a prochází je postupně. To znamená, že v pozemském světě forma nemusí projít nižšími fází a začít od určitého stupně (v konkrétním případě od stupně člověka)*, ale na druhou stranu nemá právo přeskočit všechny následující stupně, protože od tohoto okamžiku v ní začíná důsledná stavba věčných procesů.

Opakujeme však, že je to způsobeno zaostalostí lidstva, tedy jde o výjimku, nikoli však zákonitost. Duše nemá právo začít rozvoj, například ze světa rostlin nebo živočichů a obcházet nižší plány.

Duše začínající své zdokonalování z různých pozemských plánu budou mít různé výchozí energie v matrice a následně budou mít také různé energetické potenciály. Například jedna duše vstupuje do lidského těla a začíná svou cestu ze stadia minerálů a druhá ze stadia člověka. Tyto dvě matrice budou mít různé energetické ukazatelé. A proto k jejich různým energetickým potenciálům budou pro spojení vybrány energetické ukazatelé matric času, zákonů, kvalit, pojmů, slova odpovídající jejich ukazatelům a síle.

Zvažme, jak bude tato Úrovňová shoda vyjádřena a jaké jsou její vlastnosti.

Jak jsme řekli dříve, matrice z jiných Hierarchií jsou připojeny k matrici duší, ale odpovídající Úrovni hlavní matrice duše. To znamená, že pokud duše rozvojově odpovídá první Úrovni lidské Hierarchie, pak k ní budou připojeny matrice z prvních Úrovní jiných Hierarchií. A pokud patří do třetí Úrovně, pak se k ní připojí matrice ze třetích Úrovní jiných Hierarchií.

Jsou zde však některé zvláštnosti. Například matrice času, zákonů, sice patří do stejné Úrovně jako matrice lidské duše, ale jejich potenciály budou vyšší. Matrice času, zákonů patří do svých vlastních Hierarchií, ve kterých procházejí určitými cestami rozvoje, odlišnými od lidských a získávají jiné energetické ukazatele, včetně jiných energetických potenciálů.

Matrice času a zákonů odkazují na hlavní, řídící struktury* ve vztahu k lidské duši, proto musí mít mnohem větší potenciál než řízená forma.

Obvykle existuje určitá číselná shoda mezi silou matrice času (nebo zákonů) a matrice lidské duše. (Mimochodem, matrici času nebo zákonů nelze nazvat duši, protože mají jinou konstruktivní strukturu).

Pokud srovnáme dvě Hierarchie matric času a duší lidí, pak každá Úroveň Hierarchie času svým energetickým potenciálem, silou a dalšími ukazateli překročí ukazatele matric duší v Hierarchii lidstva.

Když jsou stvořeny duše pro vypouštění je do světa, jsou připraveny speciální pomocné, konstruktivní formy a Stavy. Proto u našéhoBoha kolikduš je naplánováno pro růst na Zemi, tolik se připravuje matric času a zákonů. Ale ty druhé (matrice času a zákonů) během rozvoje získávají na stejných Úrovních jako je Úroveň lidské duše, mnohem vyšší ukazatele a mají svůj vlastní směr zdokonalování. Proto **je vždy zachována úrovňová shoda, nikoli však číselná** (Obr. 11).

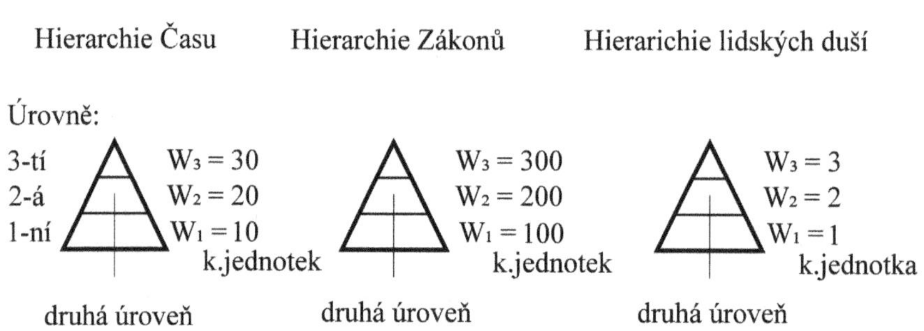

Poznámka. *W_1 – W_3 — energetická síla, vyjádřená v konvenčních jednotkách.*

**Obrázek 11. Úrovňová shoda matric
vytvořených pro lidskou duši**

Úrovňová shoda spočívá v tom, že různé Stavy mají stejné Úrovně, ale ukazatele na nich jsou různé. Jejich hodnoty jsou propojeny přesně definovanými silovými závislostmi. Pokud tedy vezmeme duši, která je na druhé Úrovně rozvoje a má řekněme sílu rovnající se dvěma konvenčním jednotkám (W2 = 2 jednotky), pak jí bude odpovídat druhá Úroveň Hierarchie času a zákonů. Časová matrice bude mít sílu dvaceti konvenčních jednotek (W2 = 20 jednotek).

Matrice zákonů, která je na druhé Úrovni své Hierarchie Zákonů, bude mít sílu odpovídající její Úrovni, konkrétně se bude rovnat dvěma stům konvenčních jednotek (W2 = 200 jednotek). V tomto schématu jsou hodnoty výkonu (1..3, 10…30, 100…300) brány podmíněně.

Jedná se o Úrovňovou schodu, která zohledňuje, jaké ukazatele by měly být v každé Hierarchii pro daný stupeň rozvoje duše, aby se podřídila pomocným Stavům a zároveň nedocházelo k potlačení jejích funkcí nebo zničení konstrukcí. K řízení jednoho Stavu druhým je zapotřebí překračování ukazatelů moci a dalších věcí. Větší potenciál vždy převládá nad menším. Toto je vzor řídících struktur.

Při současném zdokonalování matrice duše, zákonů a času získají při účasti ve stejných činnostech různé ukazatele.

Přestože Úrovně matric připojených ke konstrukci formy člověka v počáteční fázi jeho rozvoje budou stejné ve všech pomocných matricích, ale budou odlišné v síle: jedné jsou slabší, jiní jsou silnější. Velikostí jejich energetických potenciálů budou odpovídat úkolům, které musí provádět.

Takže když mluví o stejných Úrovních, to neznamená, že Stavy, které zůstávají v různých Hierarchiích, ale na stejných Úrovních, budou mít stejné ukazatele. V každé Hierarchii jakékoli výkonové vlastnosti a energetické poteciályÚrovní své vlastní a všechny jejich ukazatele spojeny s tím cílem nebo těmito funkcemi, které nese každá Hierarchie individuálně. Například Podstaty Hierarchie Zákonů budou mít nejsilnější ukazatele a Podstaty Hierarchie Pohybu budou mít mnohonásobně menší.

Jakákoliv Hierarchie prožívá svůj vlastní život, je obývána rozumnými Stavy, které jmenujeme Podstatami, má světy, to znamená zvláštním prostředím, ve kterých mohou tyto Stavy individuálně rozvíjet v jejich kvalitách. V každé Hierarchii Podstaty jsou ve formách, které mají zaměřenou strukturu. Ale při práci s jinými Stavy jsou v jednotných plánech, ale jsou v různých dimenzích.

Je zřejmé, že různé Hierarchie obsahují Podstaty, které se rozvívejí v oddělených kvalitách a funkcích, ale v procesu zdokonalování jsou (Podstaty) spolu spojeny, a rozvoj nebo degradace jedněch přispívá k rozvoji nebo degradaci druhých. Je to tento vztah, který je důvodem pro udržení přísné shody v rozvojových ukazatelích spojených mezi sebou forem, patřících do různých Hierarchií.

Když je formována duše člověka, požadované Stavy (v tomto případě matrice) jsou vybrány ze stejných Úrovni, které mají různé ukazatelé, ale zároveň jsou (ukazatelé) přísně dodržované v jednotkových mezích. Všechny Úrovně různých Hierarchií jsou propojeny konkretními závislostmi a číselnými poměry. (Mluvíme o Hierarchiích týkajících se pouze duší lidí a pozemského světa.)

Z určité Úrovně rozvoje (obvykle je to přechod člověka do věčné existence) všechny pomocné Stavy jemnohmotného plánu jsou zahrnuty do stálých spojení s duší a v takovém společném svazu pokračují ve své evoluční cestědo Absolutu a dál. To znamená, že když dosaženo duši určité struktury, pomocné Stavy se transformují na vlastní konstrukce duše.

POMOCNÉ KONSTRUKCE FYZICKÉHO TĚLA

Nyní se obrátíme na pomocné konstrukce týkající se fyzického těla.

Materiální tělo je forma, která umožňuje duše vyrábět určité typy energií na Zemi. Duše, pohybující se z jedné formy do druhé, produkuje různé rozsahy energií, což se zvyšují podle Úrovně z hlediska jejího progresu. Chcete-li to lépe pochopit, obracíme se k našemu obyčejnému životu.

Člověk pomoci některých strojů vyrábí potraviny, pomocí jiných, šije oblečení; s použitím třetích, vytváří předměty pro domácnost. To znamená, že stroj s pomocí rukou člověka vytváří mnoho různých předmětů a každý typ strojů vytváří své typy předmětů.

Fyzická forma jako nějaký druh biomashiny je navržena tak, aby vytvořila konkretní typy výrobků, kterou v tomto případě je energie. Existenci v těle hmyzu, duše produkuje jedno spektrum energií, v těle zajíce další spektrum, v těle tygra – třetí a tak dále.

Materiální tělo je forma postavená pro práci se specifickými typy energie, je to konstrukce, která přijímájedny typy energií a zpracovává je do jiných typů. To je, stejně jako všechny stroje, produkuje určitý druh energie založené na použití určitých typů paliva, které jsou jinými typy energií.

Primární jemnohmotnou energií pro uskutečnění všech svých následných životních funkcí tělo obdrží od Určovatele*, to znamená od Nebeského Učitele člověka nebo Podstaty, specializující se na dodávkách energie člověku. Na základě této jemnohmotné energie, jako z elektrického proudu, stroj, který je lidským tělem, začíná pracovat. Ale práce lidské biomashiny provádí prostřednictvím fyzických činností, emocí, pocitů, myšlenkových činností. To vše produkuje energii jiného plánu.

Ať už člověk dělá, produkuje přeměnu jedněch typů energií do druhých. Jako je šicí stroj, pracující na elektrickém proudu, šije oblečení a je řízen rukou švadleny. Podobně je lidská biomashina řízena programem a Nebeským Učitelem.

Člověk se podílí na složitém mechanismu energetického kolovratu. Dostává energii nejen od Určovatele, ale také prostřednictvím potravy, dýchání, od Slunce a planet Sluneční soustavy. Zároveň nejenže přijímá, ale nutně a dává.

Funkce získávání v Kosmu nemůže být jednoznačná. Nutně doprovází protichůdná funkce zpětného odevzdání. A o tom se nikdy nesmí zapomenout. Právě z tohoto důvodu, pokud člověk začíná sobecky přivlastňovat něco, dělat osobní shromáždenímajetků a peněz a zapomena na návrat, to je již považováno za porušení zákona o výměně. Podle karmických standardů toto bude potrestáno, nebo podobná duše se předává do záporného Systému Ďábla.

Kromě toho je člověk spojen výměnou energií s prvními Úrovněmi Hierarchie Boha, Ďábla a medicínského Systému a také se

Zemí samotnou. To vše ukazuje, jak složitá musí být konstruktivní forma člověka, aby takovou práci s energiemi mohl vykonávat. Pokud se ale bavíme o práci formy, tak zde musíme rozhodně přidat práci samotné duše. Je to duše, která je hlavním řídícím mechanismem, který uvádí všechny tyto energetické toky do pohybu a provádí jejich grandiózní cirkulaci. Prováděním takové práce duše postupuje, roste, hromadí energie v buňkách své vlastní matrice.

Taková práce s energiemi samozřejmě vyžaduje složité uspořádání samotné formy, která v procesech spojuje hrubohmotný fyzický svět a jemnohmotný, energetický svět. Nemůže se tedy omezovat na přítomnost jednoho fyzického těla, ale zahrnuje jemnohmotné obaly, matrice, substance a řadu pomocných konstrukcí, které jsou potřebné přímo pro práci fyzického těla.

Výše jsme si řekli, které konstrukce se týkají přímo lidské duše. Nyní si uveďme seznam konstrukcí vztahujících se k fyzickému tělu, a tedy které jsou dočasné spolu s ním.

Toto je impulzní prstenec (neboli centrum-mozek), centrum-mozek pohlaví, stejně jako výše zmíněné dočasné obaly a matrice slova. Patří sem také stříbrná nit neboli nit života, spojující fyzické tělo s "počítačem"* Určovatele. Často ji vidí jasnovidci s éterickým zrakem.

Stříbrná nit je spojovací konstrukce, která spojuje fyzické tělo a jemnohmotné obaly. Jejím prostřednictvím materiální tělo částečně přijímá energii materiálního plánu. Nit udržuje spojení těla s duší, když opouští materiální obal. S ukončením tohoto spojení (když se vlákno přetrhne) se duše nemůže vrátit do těla.

Impulzní prstenec se podílí na příjmu informací člověkem z "počítače" Určovatele. Vnímá hlavní myšlenky přicházející Shora a impulzy vycházející z lidského programu umístěného ve spojovacím energetickém těle. Centrum-mozek také člověku pomáhá oddělit informace, které dostává na Zemi, na potřebné a nepotřebné, to znamená, že je určitým způsobem třídí a přebytky zahazuje. Jako konstrukce jemnohmotného plánu funguje v těsném spojení s fyzickým mozkem. Bez toho není člověk schopen myslet. (Podrobnosti o impulzním prstenci viz kniha Duše a tajemství její struktury, kap. 3.)

Centrum-mozek pohlaví je také složitá konstrukce jemnohmotného plánu, která obklopuje boky člověka ve formě torsu. Zde je položen program, který určuje chování jedince jako muže či ženy s orientací na jejich individualitu. Tento centrum-mozek ovlivňuje zvláštnosti lidského myšlení, dává mu zvláštní barvu a jedinečnost.

Matrice slova je určena pro myšlenkovou činnost člověka a vnímání informací prostřednictvím řeči a psaní. Dává se na jeden život nebo na několik, v závislosti na Úrovni člověka. U nízkých jedinců funguje pouze jednu inkarnaci, protože je zanesená nesprávnými a velmi hrubými slovy, která žijí pouze jednu generaci a jsou jednodenní, to znamená, že další generace již takový slang (módní žargon) ve své slovní zásobě nepoužívají.

Polygloti používají matrici, která se účastní mnoha reinkarnací a vytváří slova v různých jazycích během inkarnace duše v různých národech, to znamená, že pro vysoce vyvinuté jedince jim matrice slova slouží pro několik inkarnací.

Člověk začíná vyplňovat matrici slova od dětství. Matrice slova obsahuje aparát, který zaznamenává zvukové vibrace a na jejich základě rekombinuje písmenkové kombinace (zvukové vlny) s předměty, které vyjadřují. Jedná se o druh kodéru, který převádí zvuky do pojmů a obrázků. Matrice napomáhá práci aparátu myšlení a matrice pojmů. Po nahromadění potřebného objemu pojmů v posledně jmenovaných přechází člověk na telepatickou komunikaci, verbální výměnu informací nahrazuje pojmová a poté energetická. Proto tato konstrukce nebude použita v sedmé rase. Člověk ztratí tuto matrici, i když bude stále na Zemi. Ztrácí ji i při přechodu do jiných světů, s jinou formou komunikace a přenosu informací.

Pokud jde o dočasné obaly, byly zmíněny výše.

Všechny tyto konstrukce pomáhají znovu sjednotit fyzický plán s jemnohmotným světem. (Existuje řada dodatečných konstrukci, ale člověk musí zatímporozumět práci alespoň těchto prvků). Po smrti člověka jsou všechny demontovány a přestávají existovat. A duše zůstává se svými trvalými konstrukcemi.

Když je duše vtělena do jiné formy existence, například do těla bytosti sídlící v paralelním světě, pak budou pomocné konstrukce patřící k vnějšímu obalu odlišné. Jsou orientováni na práci v novém prostředí a na plnění jiných funkcí.

PŘECHOD DUŠE Z JEDNÉ FORMY DO DRUHÉ

Víme, že na Zemi existují tři typy duší. Dva z nich začínají svůj rozvoj z pozemského plánu a třetím typem jsou kosmické duše, které začínají svůj rozvoj v jiných světech.

Jak se od sebe konstrukčně liší?

První typ duší prochází ve své dokonalosti fázemi pozemských, fyzických plánu: minerály, hmyz, rostliny a tak dále, které mají své vlastní Hierarchie. Doba trvání průchodu těchto Hierarchií duší není stejná. Například duše prochází Hierarchií minerálů během mnoha milionů let a rostlin – během několika tisíc let. Rozdíl v čase je spojen s různými obdobími výstavby v buňkách matrice určitých progresí.

Matrice procházející pozemskými plány shromažďuje energie fyzického spektra a vytváří v sobě dané stavby, přičemž ve svém objemu soustřeďuje velkou škálu energií pozemského typu. Taková duše, když je vtělena do lidské formy, má silnou přitažlivost ke všemu pozemskému. A vše kosmické, jako cizí energie, odmítá a potkává s nedůvěrou, odtažitostí. Takové duše je těžké pozvednou nahoru, zaujmout jinými světy. Musí se s nimi dlouho a tvrdě pracovat, aby vzbudit zájem o informace nadpozemského plánu.

Duchovnost v takových duších je na nule. V podstatě mají vyvinutá dočasná energetická těla a kauzální. Všechny konstrukce v nich jsou vyrobeny z energií fyzického rozsahu.

Druhý typ pozemských duší začíná svůj rozvoj bezprostředně od stádia člověka. Taková matrice není naplněna energiemi nižších plánu planety. Tyto duše jdou jinou cestou rozvoje, proto se kvalitativně liší od prvního typu duší. A jelikož je s tímto světem spojuje méně energií pozemského plánu, snadno přecházejí k poznání vesmírných forem života, jsou fascinováni vším novým, co souvisí s jinými světy. Pozemská forma existence je pro ně málo zajímová.

Ve své konstruktivní formě mají stejné základní prvky jako první typ duší, ale jejich kvalitativní obsah je odlišný. To znamená, že tyto dva typy duší pozemského plánu se od sebe kvalitativně liší, a proto stavby v jejich duších nebudou stejné, protože každá kvalita buduje svou vlastní Hierarchii. A protože první typ duší bude mít převládající počet kvalit pozemského plánu, pak bude v buňkách z energií fyzického světa vybudováno více Hierarchií, určených pro různodruhové procesy.

Kosmické duše pobývající na Zemi se zvláštními misionářskými účely lze také pro přesnost rozdělit na dva typy: některé sem přicházejí z jiných světů, které jsou na stejné Úrovni rozvoje jako ten pozemský, a druhý typ pochází z vyššího plánu Hierarchie Boha nebo Ďábla. Jsou to duše poslů a misionářů.

Ďábel také posílá na Zemi své posly a misionáře, jejichž účelem je přitáhnout do své Hierarchie co nejvíce pozemských duší.

Poslové Boží vedou duše do kladného Systému, poslové Ďábla do záporního. Proto je důležité porozumět kvalitám poslů a jejich volání, vidět za pokušením cestu k zápornímu Hierarchovi. Někteří poslové budou mít ve svých kvalitách převládající kladní energie, zatímco jiní budou mít záporní. A kvality jsou protikladnými projevy osobnosti, jejího charakteru. To je různý způsob myšlení, cítění a nutkánívykonávat opoziční činy.

Jakékoli kosmické duše v sobě nesou struktury, které se liší od struktur pozemských duší, protože neprošly počátečními fázemi rozvoje na Zemi, ale v jiných světech. Jejich matrice jsou naplněny zcela odlišnými druhy energií, takže mají kvality, které nejsou pro člověka charakteristické. Ale obvykle jsou takové kvality uzavřeny po dobu jejich inkarnace na Zemi. Kosmické duše jsou z hlediska kvalit přizpůsobeny schopnostem průměrného člověka, aby nevyčnívaly mezi obecnou masou neadekvátním chováním a nenechaly se rozptylovat srovnáváním se s ostatními nebo demonstrováním nadřazenosti nad ostatními.

Kosmické duše mohou mít větší počet trvalých obalů než běžný člověk, což je spojeno s technologií zpracování energií jiného rozsahu v jiných světech. Mohou mít dvě kauzální, tedy spojovací těla: jedno trvalé, aby pokračovalo v rozvoji ve svých světech po dokončení mise, a druhé dočasné, dané pouze pro jednu inkarnaci na Zemi.

Další dočasné obaly jsou během své práce na Zemi zachovány v množství, ale uvnitř budou mít individuální strukturu odlišnou od lidské, protože poslové a misionáři pracují s velkým potenciálem kosmických energií a vykonávají práci, která není charakteristická pro běžné pozemské duše. Právě jimi vykonávaná činnost vede k tomu, že se jejich dočasné obaly výrazně liší vnitřní stavbou a velikostí od podobných obalů běžných duší. Obvykle, pokud jde o rozměry, jsou jejich dočasná energetická těla větší než těla pozemských lidí.

Někteří poslové mohou mít speciální pomocná zařízení na jemnohmotném plánu, která je spojí s pozemským světem. Ale samozřejmě, pokud podrobně rozebereme rozdíly ve stavbě pozemských a vesmírných duší, pak budou činit devadesát procent. A podobnost bude jen deset procent. Jsou-li tedy vyvinuté pozemské duše spojeny s matricí slova po dobu svého průchodu určitými rozvojovými stádii, pak se s ní kosmické duše spojují pouze na jednu inkarnaci, protože v jiných světech dochází ke komunikaci mezi formami podle jiného principu, a ne prostřednictvím slova.

Dočasné konstrukce kosmických duší budou zahrnovat impulzní prstenec a centrum-mozek pohlaví, protože v jejich světech mohou být jediného pohlaví a jejich kontakt s jejich Určovatelem bude provedeno dokonalejším způsobem. Vyšší svět také poskytuje dokonalejší spojení s vyššími.

Jakýkoli rozvoj duše je spojen s jejím přechodem z jedné formy existence do druhé. Duše mění vnější formy, jako člověk mění šaty. Změna vnějších obalů je způsobena potřebou duše účastnit se různých technologických procesů zpracování energií různého rozsahu. Například forma minerálu je stavěna pro zpracování jedné řady energií, forma rostliny – pro jinou, forma ptáka – pro třetí. I průchod duše různých národů v lidském těle je také způsoben potřebou její práce s různými druhy energií.

Fyzická forma, její vnitřní procesy jsou vytvářeny z podmínky jejího zpracování konkrétních druhů energií. A protože pouze duše, která je energetickou strukturou, může uvést tyto formy do pohybu, přimět je k práci, každá materiální forma vyžaduje pomocné, přechodné prvky, které znovu spojují různé Úrovně konstrukcí. Materiální formy proto nutně musí mít další struktury, které pomáhají kombinovat hrubohmotné a jemnohmotné energie v jediném procesu. Forma živých bytostí tedy do značné míry závisí na procesech, kterých se účastní.

Život sám, bytí, existence je proces, který dává určitý konečný výsledek, nebo spíše daný výsledek, jako každá chemická reakce.

Život každé formy je postaven na situacích, které vytvářejí určitý způsob existence, nutí formu jednat způsobem, který je pro ni možný, daný programem. Například zajíc žije ve svých situacích a jedná tak, jak mu to nařizuje program; a vlk žije v jiných situacích a jedná jinak, protože mu to nařizuje jeho program, určený pro formu existence predátora. A v tomto programu vypracovává opačné energie než zajíc.

Činnosti, způsob chování jsou diktovány programem existence. A je postaven z podmínek technologie pro zpracování energií určitého rozsahu. Právě za tímto účelem jsou pro každou formu navržené Vyšší situace, které zahrnují nezbytné typy energií v procesu. Proto jsou v situacích možné přísně specifické činnosti. Jejich plněním forma zpracovává energie svého plánu existence a vytváří potřebné nashromáždění do osobní matrice a zároveň vyrábí energii pro svého Určovatele. Absolutně všechny formy života jsou pod kontrolou, bez ohledu na to, jaké jsou: mikroby, minerály nebo Vyšší Podstatu. Forma kontroly je odlišná, a nejen taková jako je u lidí v jejích spojení s Nebeským Učitelem.

Zajíc a vlk žijí v různých situacích, jsou sice ve vzájemném kontaktu, ale osobní programy je nutí chovat se v souladu s procesy, které budou zpracovávat energie jejich spektra. Zajíc bude produkovat energie vyššího spektra než vlk, protože ten je zapojen do procesů, které vytvářejí tak nízkou kvalitu, jako je agrese.

Tato kvalita se dále rozvíjí, když duše bývalého vlka přechází do podoby člověka. Ale v lidském prostředí se může projevovat různými způsoby: na nízkém stadiu může taková duše zabíjet. Ve střední stupni rozvoje se u ní projeví agresivita v podobě periodických slovních útoků na druhou osobu, obvykle mírumilovnou a blahosklonnou. Ve třetí stupni kvalitu agrese je jedinec již schopen nasměrovat k překonání některých potíží v práci, dosažení vítězství ve sportu nebo něčem jiném, bojovat proti živlům. Nízká kvalita se tak převádí do vysokých forem jejího projevu a zvířecí styl chování se převádí do lidského.

Nízké vlastnosti duše postupně přeměňuje ve vysoké svou opakovanou účastí v určitých situacích a získáváním potřebných zkušeností. A aby duše bývalého zvířete nasbírala potřebné zkušenosti, museli Vyšší zavést tresty. Bez nich jednotlivec nechce "slyšet", co říkají Nebeští Učitelé prostřednictvím ideálů vytvořených k napodobování člověka.

Nejvyšší ideály ukazují směr zdokonalování duše. Když ho ale z vlastní vůle nechce následovat, je nucena jít k ideálu trestem a utrpením.

Aby se duše bývalého vlka posunula dále do Vyšší formy Podstaty, která obývá světy Boha, musí projít stovkou Úrovní lidské Hierarchie a zcela přeměnit kvalitu agrese v další kladní kvality člověka: síla vůle, výkonnost, vytrvalost. Mnoho lidských kvalit je založeno na nízkých, přeměněných na vysoké kladní. A to je přirozený proces.

Tak, přecházející z jedné formy do druhé, se duše postupně buduje proměnou nižšího ve vyšší. V nižších světech je počet kvalit omezený. Ale čím vyšší je svět, tím více nových kvalit a charakterových vlastností duše získává. To znamená, že **kvality se v následujících fázích rozvoje vyvíjejí dvěma způsoby: některé vycházejí ze starých, provádějí přeměnu nabyté kvality na novou, vyššího plánu, jiné pocházejí přímo z vyšších Úrovní.** Současně je v matrici dokončena nová buňka a v ní se začíná tvořit vlastnost vlastní pouze tomuto plánu. A tato nová kvalita předčí jakoukoli z předchozích kvalit v moci, protože je postavena na mocnějších energiích.

Proč se nízké kvality neprojevují během rozvoje duše na vysokých stupních? Nízké se totiž rozvojovými procesy přeměňuje na vysoké, které je, mající silnější potenciál, potlačují. Například zlý člověk se může stát dobrým a humánním, pokud ve variantách programu učiní vhodnou volbu ve směru dobra, a pak, po mnoha inkarnacích, nebude po jeho hněvu, jak se říká, ani stopy.

Nízké může být přeměněno na vysoké. To je hlavní význam zdokonalování. Je potřeba jen pracovat na sobě a ostatních a pomáhat jim stoupat nahoru.

Je důležité si pamatovat, že nové kvality, které se objevují na vyšších Úrovních, mají silnější potenciál, který může potlačit nízké vlastnosti a návyky duše a zabránit jim v projevení. Proto je tak důležité vychovávat člověka správným směrem podle ideálů stanovených Vyššími Učiteli.

Budováním nových kvalit se forma konstruktivně připravuje na existenci ve formě další Úrovně.

Jsou nadřazené formy, jsou podřadné. Pro každý časový okamžik, či spíše určitý cyklus rozvoje, existuje vlastní Hierarchie forem. Pro materiální svět je to jedná, pro jemnohmotný je jiná. Materiální formy jsou dočasné a jejich Hierarchie odráží pouze určité období rozvoje. A další bude vyžadovat jiné formy, modernější a perspektivnější, navržené pro práci s jiným, vyšším energetickým rozsahem.

Materiální formy se neustále mění, protože doba na ně klade nové požadavky. Stejně jako je nemožné, aby člověk řídil první model auta dvě stě let po sobě, tak je nemožné, aby duše ke svému rozvoji používala neustále stejný model fyzického obalu. Modernizace je charakteristická pro všechno, a zvláště pro živé formy. Všechno musí být ve všech směrech lepší a lepší.

Hlavním důvodem změny forem je růst síly energií, se kterými duše pracuje při pohybu Úrovněmi. A síla vyžaduje více složitou konstrukci forem.

Člověk cítí výrazný rozdíl v řízení například kola, auta, letadla, lodi. Stále složitější pohybové vzorce vyžadují rozvoj stále většího množství znalostí a praktických zkušeností. Také stále složitější formy existence, do kterých duše při svém zdokonalování přechází, vyžadují, aby zvládla větší množství informací a získala více zkušeností. To je druhý důvod jejich změny.

Forma je postavena na základě jejího pobytu v určitém světě, a tedy v určitém rozsahu energií, a je vypočítána pro konkrétní procesy. Její hlavním úkolem je umožnit duši shromažďovat do matrici energii vyššího spektra, než umožňoval shromáždit předchozí vnější obal.

Zvyšuje se také množství energie zpracované formou, což je založeno na růstu její síly. Velká síla musí pracovat s velkým množstvím energie. Přechod duše z jedné formy do druhé tedy není nějakým fantastickým rozmarem Stvořitele, ale je způsoben potřebou jejího postupu. K tomuto přechodu však dochází pravidelně a vždy – ve směru od nižších forem k vyšším, nikoli však naopak.

Předpokladem pro přechod duše z jedné formy do druhé je její soulad s požadavky vyšší formy z hlediska konstruktivní kvalitnístavby a výkonových ukazatelů. Proto degradace, která ničí minulé stavby a snižuje energetický potenciál duše, tento přechod oddaluje.

Pokud duše začíná svůj rozvojový cyklus z nějaké ne-počáteční formy, například ze stadia rostliny, živočichu, člověka, bez počátečních konstrukcí a potenciálu, dostává všechny potřebné ukazatele uměle a předem. To znamená, že její energetická těla mají mírně odlišnou strukturu a jsou okamžitě vypočtena pro potenciál, který je na této Úrovni vyžadován. Podobně se počítá potápěčský oblek pro různé tlaky prostředí při práci ve vodě v hloubce pět metrů a dvě stě. Vše podléhá výpočtu. Ale všude existují výjimky z pravidel.

Zajímavým bodem přechodu duše z jedné formy existence do druhé je její přizpůsobení se novému stylu chování a novým situacím. Jak může žít například duše bývalého medvěda v podobě člověka? Takový přechod ve stylu chování pomáhá uskutečňovat program. Předem stanoví požadované způsoby chování nové formy.

Abychom pochopili, do jaké míry může program ovládat činnost živé bytosti, připomeňme si, že včely, které nemají lidskou mysl, staví plástve, které mají složitý šestiúhelníkový tvar, a vosy staví kupole a věší je ze střech lidských budov. Kdo je naučil vytvářet tak složité struktury? Aby člověk mohl používat například šestiúhelníky v elievátorech pro skladování obilí a kupole v kostelech, musí vystudovat univerzitu. Ale ani poté není každý konstruktér schopen vypočítat kopuli chrámu. A vosa si to staví svobodně.

U hmyzu je schopnost této stavby začleněna do programu jako styl chování vyžadovaný v určitých obdobích jejich života. Staví a jsou řízeni programem, neuvědomují si, co dělají. Jedná se o přísnou (lineární) konstrukci programu. A stejných výsledků ve stavbách pro sebe člověk dosahuje studiem, svobodnou volbou. Tato vlastnost mu není dána předem, ale získává se tvrdou prací. Přitom kvality v matrici duše včel a lidí budou jinak postavené. Lidský program bude postaven jiným způsobem a dá člověku výběr ve zdokonalování. Jak tedy vidíme, program je skutečně schopen vštípit styl chování nevědomému způsobu života a může naučit, jak tento styl vědomě rozvíjet.

Nebo si vezměte jiný příklad. Stěhovaví ptáci létají na podzim na jih a přesně se orientují v prostoru. To je také činnost programu. Další otázka: jak je postaven, aby ptáci odletěli ve správný čas?

K tomu biostroj dané formy (pták) zachycuje specifické změny parametrů prostředí. Program je svázán s parametry vnějšího světa a Země samotné. Jakmile program zachytí určité číselné charakteristiky změn ve vnějším prostředí, aktivuje se mechanismus, díky kterému se forma chová striktně tak, jak je Shora uvedeno.

Aby se piloti při řízení letadla stejně přesně orientovali v prostoru, musí také vystudovat vysokou školu a pak se dlouhodobě cvičit v praxi. To znamená, že tato vlastnost je stanovena pro ptáky podle přísného programu a člověk se ji naučí rozvíjet sám, protože v programu dostal příležitost stát se pilotem.

Když si ale duše pilota vyvine vlastnost orientace, promění se v jeho osobní kvalitu. A u ptáka bude vyvinut uměle. Ale u některých ptáků to začíná postupovat, a to již závisí na osobních zvláštnostech samotné formy.

Tento příklad také ukazuje, že stejnou kvalitu lze vyvinout uměle podle přísného programu nebo ji lze vyvinout samostatně tvrdou prací. Ale obvykle to, co je zpočátku dáno podle přísného programu, později v sobě duše dále buduje jako kvalitu, která napomáhá existenci na vyšší stupni rozvoje.

Duše procházející několika inkarnacemi v nové formě rozvíjí svůj vlastní styl chování, individualitu v tomto způsobu existence. A pak si zase přestupuje do další formy. Ale v počáteční fázi pobytu duše v nové formě se v ní mohou objevit dřívější vlastnosti a model chování; ne zcela, samozřejmě, ale v oddělených kvalitách. Člověk nazývá takové projevy instinkty. Ve skutečnosti se jedná o vlastnosti získané duší v minulé formě existence. Postupně je vyhasínají nabyté nové vlastnosti, které mají větší sílu. Způsob chování jedince při jeho zdokonalování se tedy neustále mění. Odchází od nízkých vlastností a získává vysoké.

- - -

116

Vem si život

                jako ten nejlepší dárek

Co ti dává Všemohoucí -

                a nestěžuj si

Nerozdmychávej oheň z maličkostí,

A užijte si západ a východ slunce.

A dokonce nejvíce

                zamračené dny

Uměj úsměvem

                udělat trochu světlejší.

Oheň vyhasl – zapal ho jako Prometheus,

A svět bude lepším

                a laskavějším.

I když se říká, že život je

                jenom chvilka

Ale ať bude bleskem

                nedoutnajícím

A ať od blesku

                nejjasnější záblesk

Osvětí cestu budoucím generacím.

Larisa Kartavceva

Pravda

Hledáme pravdu, křičíme
Vstupujeme do sporu kardinálně,
Jen rozumět nechceme:
Všechnona tomto světě je relativní.

A to, co pravdou včera
Volala se bez pochyby,
Už dnes je jako hra
Vzbuzuje v nás podezření.

A tak to jde století po století.
Svět se postupně mění
A pravda je jako roztátý sníh
Za hranou tajemství se opět skrývá.

A v tomto je věčnost života,
Cesty obtížné – smysl a bdělost.
Pochopit to je tvůj cíl,
A cíl zachraňuje před zapomněním.

Kapitola 10
ODPOVĚDI NA DOTAZY ČTENÁŘŮ

ÚVOD

Moderní člověk je zvyklý číst knihy jako fascinující detektivky. To je do značné míry usnadněno výukou "rychlého" čtení ve škole, kdy se známky nedávají za význam toho, co porozumíme, ale za počet slov pronesených za minutu. To je také pohaněno módou hodně číst, a proto nijak zvlášť promyšleně. Silnou brzdou porozumění nového jsou navíc staré, člověkem již dříve naučené pravdy, od nichž nyní stoupá jako od základu. Tento základ ale se ukazuje jako nepravdivý a plete v porozumění nového, tím, že neumožňuje pochopit informacím vyššího úrovně.

Aby člověk porozuměl novému, musí někdy opustit staré, pokud je falešné a brání pokroku lidské mysli vpřed. I když je třeba poznamenat, že někteří jedinci jsou schopni vidět ve starém ty pravdy, které nám umožňují spojit je s informacemi budoucnosti. Hodně záleží na vyspělosti lidské duše. Kde mladá duše vidí rozpor nebo něco nepochopitelného, zralá duše objeví pevnou cestu do budoucnosti.

A to jsou všechny hlavní důvody, které čtenáři neumožňují pochopit to hlavní. Je třeba poznamenat, že mnoho lidí čte vážnou informaci nepozorně, a to je pro složité znalosti nepřijatelné. Měly by být zvládnuty pomalu, promyšleně, s vytvářením pro člověka čitelných obrázků a solidní databází nového obsahu.

Někteří čtenáři mají tendenci prolistovat jednu nebo dvě naše knihy a hned mají otázky. Kdyby si ale pozorně přečetli celou tuto sérii, ale raději ne jedenkrát, ale několikrát, přemýšleli nad každým slovem, pak by otázky samy zmizely.

Nejčastěji ale stejně vzniká nedorozumění z bezmyšlenkovitého čtení, povrchního uchopování informací a pak to dopadne tak, že se člověk ptá na to, co už četl. Takových otázek je mnoho. A to znamená, že v této otázce ničemu nerozuměl. I přes to, že se seznámil s vyššími informacemi, u něj se nevyformovaly nové pojmy.

Rychlé čtení je dobré pro udržení kroku se spoustou společenských událostí, ale je zcela nepřijatelné pro rozvoj vědomých pojmů. Nové informace vyžadují práci intelektu, a to důkladnou, takže znalosti nejsou dočasně uloženy ve vědomí, ale tvoří stabilní kvalitu v matrici podvědomí. Při plynulém čtení je do práce zahrnuta pouze krátkodobá paměť vědomí, která pracuje s podmínkou, že co se rychle zapamatuje, následně se rychle ztratí.

Náš dialog se čtenářem začněme otázkami týkajícími se určitých nepochopitelných skutečností, které moderní život člověku předkládá.

Země se nyní přestavuje a mnoho věcí na ní není jako dříve; a na druhou stranu na základě porozumění nových poznatků začal člověk vidět to, čeho by si dříve nevšiml. Proto se objevili zvídaví lidé, kteří pronásledovali úžasné případy, které se někomu stanou, a snažili se pochopit jejich podstatu. Shromažďují fakta, ale jejich vysvětlení zůstává mimo jejich chápání. Samozřejmě, že kdyby četli naše knihy, sami by si na mnohé otázky odpověděli. A protože nenašli odpovědi, vysvětlujeme tyto záhadné případy tak, aby člověk pochopil, že tajemství spočívá mimo nedostatek informací o tom, co se děje. Aby se naučili vysvětlit nejrůznější záhadné jevy, je nutná znalost našich informací.

Proč senzibilové nemohou léčit sami sebe

Začněme například tím, že mnozí nechápou, proč se senzibilové nedokážou vyléčit sami?

Aby bylo možné odpovědět, proč se to děje, je potřeba vědět, co jsou vlastně ty nemoci. Příčin nemocí lze uvést mnoho. Uvedeme několik kosmických důvodů.

(A existují i pozemské důvody, jako je špatné chování lidí nebo vliv společnosti na životní prostředí.)

1. Karmické, a tedy nemoci uměle vytvořené Shora, aby jedinec zjistil, co v minulosti neudělal nebo udělal špatně.

Karmické nemoci se neléčí, protože jsou dávány podle programu a jsou zaměřeny na produkci typu energie, kterou jedinec nenashromáždil v předchozí inkarnaci. To, co mohl vypracovat správnou volbou situací a správným způsobem života, si musí v následné inkarnaci vypracovat nuceně přes nemoci. Pokud je naprogramováno tak, aby byl dvacet let nemocný, pak bude takovou dobu nemocný. Tyto nemoci mizí, jakmile člověk vrátí svůj energetický dluh. Pokud se mu to podaří vypracovat do konce tohoto života, pak nemoc v této existenci skončí; pokud si dluhy neodpracuje, pak se nemoc přenese do dalšího života. Zákony Kosmu jsou přísné.

2. Nemoci spojené s poruchou funkce orgánů. Nejčastěji naznačují, že jedinec dělá v současném životě něco špatně (jí, pije, vede málo pohyblivý způsob života a tak dále). Tyto nemoci jsou dočasné.

Mohou být také způsobeny nedostatkem některých čistých energií produkovaných určitým orgánem u jedince. Taková nemoc se zavádí proto, aby varovala, že je třeba v životě něco změnit, aby napravil své zdraví. Řekněme, že když nejí správně a bolí ho břicho, tak je to varování, že je potřeba změnit jídelníček. Když člověk drží dietu, všechno je pak pryč. A právě to by mu mělo navodit myšlenku, že musí nadále jíst jen určité potraviny a jiné nepoužívat, což akorát reguluje jeho energetiku.

3. Často se onemocnění vyskytují kvůli nesprávné struktuře orgánu. Porušení struktury může být provedeno náhodně (a pak je v průběhu života odstraněno) nebo zavedeno speciálně pro shromáždění

určitého typu energie fyzického plánu. V tomto případě se také jedná o odpracování karmy.

Pokud člověk například upadne a zlomí si ruku nebo nohu, pak je to nejčastěji varování, že musí změnit své chování. Něco v reálném životě dělá špatně. Měl by se zamyslet a najít důvod. Pokud nenajde a nic na svém chování nezmění, pak to může následně vést ke karmickým následkům závažnějšího charakteru.

4. Některá onemocnění vznikají z poškození jemnohmotných obalů člověka velkým energetickým potenciálem jiného jedince, tak zvané průrazy. To je způsobeno neschopností řídit svou vnitřní energii jednotlivými jedinci. Člověk, který má velkou energetickou moc, není schopen ji správně používat. Podobně i zápasník, který přeceňuje své síly, může v boji neustále lámat ostatním kosti. Obvykle ale správně posoudí své schopnosti a nepřítele, proto ho porazí bez újmy na zdraví.

Vnitřní energii je potřeba také umět vlastnit a řídit. Pokud toho člověk není schopen, pak neustále ubližuje jedincům s nižším energetickým potenciálem a proráží jejich vnější jemnohmotný obal. Takové jevy se nazývají uhranutí.

5. Mnoho nemocí je způsobeno bytostmi jemnohmotného plánu, které pronikají do lidských struktur a zasahují do procesů výměny energie, což se na fyzickém plánu projevuje jako určitá nemoc. Děje se tak podle programu samotného člověka nebo programu společnosti pro korekci energie vyrobené lidmi. A důvodů ke korekci je mnoho.

Nyní se pojďme věnovat energetickým léčitelům.

Senzibil léčí pouze ty jednotlivci, jejichž energetický potenciál je menší než jeho vlastní. To je hlavní. Nebude schopen léčit člověka s velkým energetickým potenciálem.

Všechny nemoci ve třechodstavcích spojeny s programem člověka a jeho energetickými dluhy, proto bude jejich léčba možná až poté, co pacient své dluhy vůči Vyšším zlikviduje.

Průrazy jemnohmotných obalů (bod 4) jsou obvykle dočasné a jsou ošetřeny, když ne senzibilem, tak samotným Určovatelem, protože tomu není zapotřebí únik energie ze svého žáka a její nadměrné utrácení, která je mu dodávána pro životně důležité potřeby.

Pokud nemoc patří k poslednímu typu (bod 5), pak je léčba založena na vypuzení entity nemoci z pacienta mocnou energií senzibila, jejíž potenciál se ukazuje být menší než jeho vlastní. Poté koriguje jeho celkové energetické pole nebo energetické pole nemocného orgánu.

Všechny čtyři příčiny nemocí se týkají i senzibilů. Nemohou se jim vyhnout, pokud jsou součástí jejich programů. Zastavme se u pátého bodu.

Senzibil nemůže léčit sám sebe, protože entita jeho osobní nemoci bude mít vždy větší potenciál než on sám. Potenciály nemocí odpovídají energetické kapacitě člověka, ale musí ji vždy o určitou hodnotu překročit, aby se mohly volně dostat do lidského těla. Pokud má tedy jedinec nízký energetický potenciál, pak entita jeho nemoci bude mít sílu, která mírně převyšuje jeho vlastní. To znamená, že energetický potenciál entity nemoci senzibilu je vždy větší než energetický potenciál podstaty běžného člověka. Tudíž senzibil zahání menší potenciál a rovný svému není schopny vyhnat.

Nebude schopen léčit své příbuzné pouze tehdy, pokud jejich potenciál bude stejný jako jeho nebo se ukáže být větší.

Zároveň příbuzní (dcera nebo syn, matka, otec), kteří mají stejnou sílu jako on, často nejsou schopni léčit jiné a být léčiteli na dědičném základě pouze ve dvou případech:

a) jsou postaveny jinak na jemnohmotném plánu, a proto jsou pro jiné účely;

b) jejich programy neobsahují možnost léčení pacientů a tato funkce může byt jednoduše zablokována.

Pokud chtějí Vyšší vytvořit dynastii léčitelů, pak dědicové pokračují v práci svého otce nebo matky, a k tomu jsou vybírány duše s přítomností vhodných vlastností a potenciálu.

Nemoc proniká do jemnohmotných obalů člověka kvůli většímu osobnímu potenciálu. Je určena pro něj při její vytváření v Medicínském systému v Hierarchii Boha. Menší energetický potenciál nikdy nemůže vytlačit větší. Proto entita nemoci senzibilu bude mít větší sílu než on sám. Jinak do něj tato nemoc nemůže vstoupit. A ze stejného důvodu, že je větší než jeho potenciál, ji nebude moci ze sebe vyhnat.

Bude moci ho vyléčit stejnou metodou, jako léčí on sám, jiný senzibil s větší energetickou silou, tedy starší než on podle Úrovně. Člověk získává svůj energetický potenciál, svou sílu tím, že prochází rozvojovými fázemi. Následně každý senzibil prošel spoustou inkarnací a zároveň se odpovídajícím způsobem vybudoval, což mu umožnilo pracovat s energiemi v léčebném plánu. Kdo nezískal vlastnosti nutné k léčbě, byť s velkým potenciálem, nebude schopen léčit a poskytovat pomoc.

Hovoříme o "entitě" nemoci, tedy jako o určitém živém stavu, který se rozvíjí po svém, jelikož většina lidských nemocí je s těmito stavy spojena. Toto je nový pohled na některé nemoci. I mnohá nachlazení, nazývaná chřipkou a doprovázená výskytem mikrobů v lidském těle, jsou spojena s entitou chřipkového onemocnění. (Podobně nemocí jako mor, cholera, rakovina jsou také entity nemoci.) Mikrobi jsou pracovní jednotky fyzického plánu, které ji doprovázejí, vykonávají určitou práci s lidským tělem a na základě toho tuto entitu podporují energií.

Tudíž senzibil s potenciálem větším, než má tato entita, je schopny ji z lidského těla vypudit.

Skutečnost, že mnohé nemoci jsou entity, potvrzují některé obrázky. Čočkou fotoaparátu experimentátorů se podařilo zachytit na film, jak temná mračna opouštějí tělo pacienta po určitých léčebných metodách. Čili člověk se blíží k hranici nového chápání jednotlivých nemocí.

Stejně tak jasnovidci vidí, jak temné mračna vnikají do člověka, když je nemocný, a odcházejí, když je vyléčen. Například senzibilMarakhovskaya N.L. viděla tyto mračna vycházet z člověka, když léčila pacienty s rakovinou. Poté se uzdravili. Ale když ošetřovala pacientku s nemocí hlavy a zapomněla si udělat ochranný štít, pak z pacientky vylétlo tmavé mračno, chvíli kroužilo ve vzduchu a pak se rychle vrhlo do léčitelky. Cítila, jak do ní vstoupilo, načež ji rozbolela hlava. Tomu se říká "vzít nemoc na sebe".

U senzibilů se to často stává kvůli špatné sebeobraně před zahájením léčebných sezení. Pak se samozřejmě pomocí speciálních technik, které jí dal Určovatel, Marakhovskaya dokázala vyléčit. Ale to se stává velmi zřídka a pouze s přímou pomocí Učitele, se kterým byla navázána kanálová spojení. V jejím léčení už nepomáhal její potenciál, ale potenciál Určovatele.

Senzibilové neléčí karmické nemoci, protože nemají právo zasahovat do lidských trestů, které byli nařízené Shora. Protože nevědí, jakou chybu se dotyčný v minulosti dopustil, neměli by uzdravením odvolávat trest, který mu byl v rámci programu udělen.

Pokud přesto zasáhne do karmy a podaří se mu pomoci člověku, pak se karma nemocného přenese do dalšího života, a to je další výdaj energie a práce Vyšších. Proto je takový zásah přísně trestán.

Co se týče dočasných nemocí, ty v průběhu života napravují energetiku člověka, aby je později neměnily v karmické.

Léčitel může člověku pomoci vyrovnat se s přechodnými nemocemi za předpokladu, že si pacient uvědomí, proč dostal takovou nemoc a co na sobě musí změnit, aby se jí úplně zbavil. Pokud senzibil pacienta vyléčí, ale ten si nic neuvědomil, dočasná nemoc se po nějaké době zopakuje, respektive pacientovi ji Shora vrátí a může přejít do chronické formy.

Proč senzibilové časem blázní

V práci senzibilů je ještě jeden vážný moment. Někteří z nich se zblázní nebo zemřou krátce po zahájení léčení pacientů. Proč se tohle děje?

Faktem je, že nějakou dobu pracují se silnými energiemi a konstrukce člověka páté rasy, jeho materiální obal, kvůli celkové zaostalosti lidstva, nezískala patřičný potenciál, to znamená, že se nevybudovala sama sebe požadovaným způsobem. Materiální obal tedy není připraveny na zátěže, které v okamžiku práce s energiemi zažívá.

Senzibil vždy funguje ve spojení s Vyšším plánem. Na to se nesmí nikdy zapomenout. Vyšší mu posílají mocné proudy energie, aby pacienta vyléčil. A protože se pro tyto energie lidská konstrukce ukáže jako dost slabá, jemnohmotné konstrukce senzibilu se ničí. Nejčastěji je zničen jeho impulzní prstenec, kterým proudí energie od Určovatele.

Impulzní prstenec je zapojen do procesů lidského myšlení. Ale pokud je částečně zničen, pak senzibil přestane normálně vnímat informace jak od svého Učitele, tak z vnějšího světa. Ztrácí schopnost něco správně vnímat a analyzovat, jsou narušeny procesy myšlení a vypadá to jako pobláznění.

Takoví léčitelé umírají brzy ze dvou důvodů:

1. V důsledku ničení sebe sama vyššími energiemi, které mají mocnější potenciál;

2. Kvůli převzetí nemocí od svých pacientů z důvodu špatné sebeochrany.

Některé entity nemoci mají tak velký energetický potenciál, že jsou schopny vstoupit nejen do člověka s malým potenciálem, ale i s velkým (jsou-li navrženy tak, aby pokryly významný rozsah energií, a tudíž většinu populace). Ne každý sinzibil se dokáže správně a včas ochránit, a tak se entita některých nemocí přenáší z pacienta na léčitele.

V léčitele mohou vejít i entity s menším potenciálem než on, když zapomene udělat ochranu. Jakmile se entita dostane do jeho biopole, začne se živit energií větší síly a rychle získá energetický potenciál odpovídající Úrovni léčitele, a pak ten jej ze sebe nemůže vypudit. V raných fázích, zatímco entita nemoci ještě nezískala sílu, je schopen se jí zbavit. Ale lidská nedbalost nebo nedostatek času na vlastní včasnou očistu po přijetí pacientů vede k tomu, že nemoc, vypuzená z pacienta, zakoření v léčiteli.

Smrt senzibilu v důsledku zničení osobních struktur energiemi vyššího plánu nevyžaduje zvláštní vysvětlení. Je jasné, že zničení jemnohmotných struktur vede k poruchám normálního fungování jeho těla, takže umírá. Veškerá destrukce nastává nejprve na jemnohmotném plánu a poté se přenese do fyzického.

A neměli bychom zapomínat, že existují senzibily různých Úrovni rozvoje, takže to, co může udělat jeden, jiný nemůže. Různé Úrovně znamenají různé zkušenosti, různé energetické ukazatele, což znamená různé schopnosti.

Bohužel žádný jasnovidec nechápe, jak k uzdravení dochází. Každý pracuje na úrovni stvoření zázraku: přečetl modlitbu, zamával rukama – a udělal zázrak, nemoc je pryč. Ale odejde v jediném případě:

má-li senzibil mocný energetický potenciál, daleko přesahující energetický potenciál entity nemoci. A co je nejdůležitější, člověk bude zcela vyléčen pouze tehdy, když to Shora budou považovat za nutné.

Modlitby, které mají speciální strukturu a jsou určeny pro vysoké energie, pomáhají chránit senzibila a odpuzovat nízké entity.

Někteří velmi silní senzibilové propouštějí nemocí přes sebe, to znamená, že propouštějí právě tento temný "mrak". Jasnovidec může pozorovat následující. Léčitel pohltí temný mrak nemoci, vtáhne ho do sebe, a pak z něj vyletí rozvrstvený, rozdrcený na tisíce malých černých "mušek". Vylétají z něj s hvizdem, větrem a záblesky (tyto efekty závisí na síle senzibilu).

V tomto případě léčitel ničí nemoc svým mocným potenciálem tím, že uzavře ji do svého energetického pole. Drtí ji na malé kousky a mrtvé kousky ze sebe vyhazuje. Takové kusy již nejsou schopny dále existovat, zemřely uvnitř senzibula. Tato entita přestává existovat. Sám léčitel ale většinou ztrácí hodně síly, jelikož vynakládá hodně své energie na zničení entity a její rozdrcení, pak se musí dlouho vzpamatovávat.

- - -

Vzpomeňme zde na babičky léčitelky. Léčí bylinkami a modlitbami. A modlitby jsou také energie.

Mnoho babiček léčitelů berou otázky s léčbou vážněji, vždy s ohledem na zkušenosti svých předků. Používají modlitby, vědí, které a kdy aplikovat. Každá modlitba nese vysokofrekvenční energii, která způsobuje odehnání entity nemoci, proto tito léčitelé žijí dlouho a neonemocní. Hodně spočívá v jejich schopnosti používat techniky k sebeochraně nebo vyhnat entitu nemoci prostřednictvím přísně stanovených rituálních činností. Důvod, proč takové babičky žijí déle než senzibilové, je však ten, že pracují s mnohem menším energetickým potenciálem.

Samozřejmě, že všechno má své jemnosti. Je třeba poznamenat, že síla modlitby pro různé lidi bude různá, protože obvykle do ní člověk vloží svou vlastní energii, která pak prochází proměnami prostřednictvím zakódovanéslovní konstrukce modlitebních textů.

Pokud stejnou modlitbu odříkává nízký a vysoký jedinec, nízký ji bude mít slabou a nebude schopen čelit zlému. I když ho samozřejmě chrání, ale nestačí to. Proto je pro něj důležité používat ke své ochraně náboženské atributy, jako jsou kříže, svíčky, kadidlo, ikony.

A jedinci na vysoké Úrovni, který v minulých životech nashromáždil silný energetický potenciál duše, stačí jediná modlitba a znamení kříže, aby svou energií zahnal nemoc. Proto kněží, kteří se neustále pohybují mezi vysokými energiemi, téměř nikdy nejsou nemocní. V chrámech se neustále očišťují. Díky tomu můžeme pochopit, proč modlitba u jednoho člověka funguje a pomáhá, zatímco u jiného nemá žádný účinek.

Nový pohled na nemoci

Ale vrátíme se zpět k entitám nemocí. Ukrývají tajemství.

Člověk nechápe, proč, je-li to rozumný stav, postihuje některé orgány a jiné nechává nedotčené? Proč se entita projevuje v různých složkách, například entita chřipky se projevuje přítomností mikrobů (bakterií) a entita rakoviny metastázami. Toto rozlišení vypovídá především o individuální konstrukci a cílevědomé činnosti těchto stavů. Jsou postaveny tak, aby pracovaly s různými druhy energií, a to jsou jejích různé konstrukce, různé funkce.

Proč se ale nemoc, pokud je entitou, projevuje jako mikroby nebo metastázy? Lidé vnímají jako hlavní přenašeče nemocí právě bakterie a mikroby. Jsou to však složky entity.

Vezměte si mrak. Z dálky je jasně vidět, že má určitý vnější tvar, pohybuje se a neustále mění svou konfiguraci. Pokud se na mrak podíváme zevnitř mikroskopem, můžeme vidět jeho jednotlivé částice. Za různých podmínek prostředí se oblak může rozpadnout na malé obláčky nebo z něj může pršet, totiž může se objevit v podobě kapek.

Stejně tak entitu nemoci vidí někteří jasnovidci jako temný mrak nebo sraženinu. Pokud se však na tuto entitu podíváte zevnitř mikroskopem, uvidíte, z čeho se skládá: z jakých bakterií nebo určitých větvených stavů – metastáz.

Na jemnohmotném plánu se mnoho entit podobá větvícím se stavům uzavřeným v "mraku", tedy v jakémsi objemu. "Mrak" je však vnější forma, kterou jasnovidci vidí matně. Nedostatek jasnozřivosti neumožňuje podrobnější pohled na tyto stavy. Nepochybně mají složitou strukturu a způsob existence, dělení a pohybu, který člověk nezná.

Za přítomnosti příznivého prostředí pro danou esenci je tato esence schopna se dělit, tedy množit. Proto když se například chřipková entita spojí s člověkem, pokud je prostředí ve společnosti nepříznivé (nedostatek preventivních opatření a nesprávný životní styl), bude tato entita šířit své spory v podobě bakterií (zárodků) mezi lidmi. Tam, kde mikroby najdou vhodné prostředí, začnou klíčit. Je pozorován rozvoj nemoci, který je na jemnohmotném plánu doprovázen růstem esence nemoci.

Jakmile se entita dostane do lidského prostředí, rozdělí se na určitý počet menších entit, které se vrhnou na další lidé. A tato entitaje rozdělena do tolika stavů, koliklidí se potřebují "vyčistit", tedy opravit svou energii. Je však třeba vzít v úvahu, že se nedělí jen prvotní entita, ale i ti, kteří měli čas dospět do dospělého stavu. A rostou velmi rychle.

Po sedmi dnech, když je energie člověka upravena, entita opustí tělo. Mechanismus jejího fungování spočívá v tom, že "pohlcuje" nízkou energii člověka (jinak známou jako "špinavá" energie) a transformuje ji na vyšší frekvenční spektrum, které člověk potřebuje. Tímto způsobem je jeho energie upravena správným směrem. V těle dochází k regulaci energie.

Pokud člověk vede správný způsob života, nejsou třeba žádné nápravy. Má vysokou hladinu energie a entita se nemá čeho držet. Organismus s vysokým spektrem energií je pro něj nepříznivým prostředím pro vlastní rozvoj.

Pokud pacientovi pomáhá nějaký lék, pak do něj pilulky vnášejí chemické prvky s vysokou čenergií, které tento druh entity nesnáší. Pilulky jako chemické prvky byly dlouho vybírány na základě zkušeností. Na nemoc však ve skutečnosti nepůsobila chemie, ale energie chemických prvků, na jejichž základě byl lék vytvořen.

Stejným způsobem se léčí i rostliny. Každá rostlina nese svou vlastní čistou a vysokou energii, kterou entita nemoci netolerují. Jelikož samotné entity pracují s určitými energiemi, většinou nízkými, nemohou samozřejmě tolerovat žádnou vysokou energii, která by přesahovala jejich vlastní. Bylinný odvar zvyšuje energii nemocných orgánů a pomáhá jim zvládnout jejich onemocnění. Je důležité si uvědomit, že každý orgán má schopnost regenerace.

Mezi energií entity nemoci a energií, která ji vymítá (našimi slovy léčí), musí být určitý poměr energetických potenciálů, tedy síla energie léku musí být větší než síla entity nemoci.

- - -

Obraťme se nyní ke kosmické historii nemocí a zjistěme, proč lidské chyby v minulosti vedou k nemocem v současnosti?

Chyby jsou špatná řešení situací, která mění způsob existence směrem, kdy člověk místo vysokých energií začne produkovat energie nízké. Chyby člověka, neplnění určitých bodů programu nebo jejich nesprávné řešení vede k výrazným poruchám kvality energií produkovaných člověkem, což přispívá ke vzniku určitých karmických onemocnění.

Když pacient trpí karmickým onemocněním, jeho pozornost by se neměla zaměřit na snahu ulevit si od fyzických muk, ale na pochopení toho, proč mu byla tato muka dána. Je nutné naučit se analyzovat své chování, svůj způsob existence, protože z určitých zlozvyků, které pocházejí z minulosti, lze pochopit, jakých chyb se člověk dopustil v předchozí inkarnaci.

Pokud jedinec správně rozpozná příčinu karmy a dokáže se změnit k lepšímu, může být karmy zbaven i v tomto životě. Člověk však většinou není schopen správně analyzovat své jednání, vždy se mu zdá, že má pravdu. Kromě toho mu přítomnost mnoha falešných a zastaralých dogmat a cílů ve společnosti neumožňuje vyvodit správné závěry. Člověk stále něco porušuje, vybírá si špatnou věc a jedna chyba se vrství na druhou. V takové situaci není možné něco napravovat prostřednictvím situací, protože program životní cesty je předem vypracován, a pokud se jedinec rozhodl špatně, situace budou následovat přesně v daném režimu. A situace jsou spojeny s hologramem událostí, tedy vše je již vybudováno na jemnohmotném plánu a nelze to změnit.

Člověk sám není schopen snížit svou karmu tím, že si uvědomí své chyby. Aby svým chybám porozuměl, musí získat kosmické vědomí. A to vyžaduje čas. Proto se člověk při získávání tohoto vědomí stále dopouští nových chyb. To vede k tomu, že hierarchické Systémy dostávají od člověka energii jiné kvality, než potřebují, tedy dostávají defekt.

Aby korigovali energii, kterou člověk v některých případech produkuje, přišli Vyšší s využitím takových stavů, jako jsou nemoci. Každá nemoc je určena pro práci s vlastním typem energie (jedná se o malý rozsah energií), má individuální funkčnost a specifický úkol, který je entitě stanoven pokaždé, když je poslána člověku.

Entita nemoci se dostane do konstrukci člověka a podřizuje fungování těla svým požadavkům. Působení entity pokračuje, dokud se energie člověka neupraví správným směrem.

Takové opravy vymyslel Medicínský Systém Boha. Víme například, že nemravnost přispívá k produkci "špinavé" energie člověkem. Člověk ji shromažďuje špatným způsobem života, tedy nízkou morálkou, v jemnohmotných obalech. Shora člověka snaží očistit, dokud žije, aby se vyhnuli jeho rozkódování po smrti nebo složitým procesům mechanického čištění. A tyto procesy jsou velmi bolestivé, protože se vždy chovali k hříšníkům nemilosrdně. Aby se však vyhnuli takovým tvrdým opatřením po smrti, Vyšší pošlou člověku pohlavní choroby nebo AIDS. Tyto nemoci mají velký vliv na lidské vědomí a mnoho lidí si uvědomuje své chyby.

V energetickém plánu pohlcují entity nemoci špinavou energii a transformují ji do vyššího spektra, který je pro danou osobu charakteristický. Bakterie, mikroorganismy jsou tedy mechanismy pro přeměnu nízkých frekvencí energií na vysoké. Jsou to však složky určitých stavů jemnohmotného plánu, které nazýváme entity nemoci. Tyto stavy jsou řízeny Medicínským záporným Systémem a jednají podle jeho programů. Do tohoto Systému se vysílá doplňková energii, kterou entita vypracovala.

Nemoci byly vytvořeny nejen proto, aby ovlivnily celkový stav člověka, ale také každý jeho orgán. Vzhledem k tomu, že orgány produkují různé druhy energií, byly entity nemocí vytvořeny tak, aby pracovaly se specifickým spektrem energií.

Jak víme, každý lidský orgán pracuje na svém vlastním frekvenčním spektru. Přesně na tomto spektru jsou postaveny jeho entity nemoci. Protože se však (spektrum) skládá z několika typů energií, pro každý typ energie sevytvořísváentita nemoci. Abychom věděli, pro kolik druhů energií orgán pracuje, musíme spočítat, kolik druhů jeho nemocí existuje v medicíně. Je zřejmé, že pokud nějaká entita* působí v energetickém spektru jater, nemůže způsobit onemocnění ledvin, protože tato energie by byla pro ní cizí. To vysvětluje výběrovost entity nemocí. Když tedy postihne jeden orgán, druhého se nedotkne.

Tím, že se spojí s požadovaným orgánem, změní entita nemoci, která má větší energetický potenciál než člověk, jeho režim činnosti a donutí orgán produkovat čistou energii požadovaného typu. Tímto způsobem nuceně se zvyšují frekvenci energie produkované orgánem, aniž by to ovlivňovalo životní program člověka. Všechny jeho programové situace jsou zachovány.

Nemluvíme zde o vážných onemocněních, která člověka upoutají na lůžko a donutí ho podstoupit operaci. Jedná se o karmické nemoci nebo nemoci dané jako zkouška. Existuje mnoho různých důvodů, proč je člověk nemocný, a každý případ má svůj vlastní individuální směr nápravy a výchovy jedince, protože nemoci nutně také vychovávají. Ani na to nesmíme zapomínat. Lidé ve své mase se těžko nechají vychovat ve správném směru. Devadesát procent z nich dává přednost blahobytu a materiálnímu bohatství, nikoli duchovním hodnotám, a proto nelze vyčítat Vyšším krutá výchovná opatření. Je lepší obrátit se k sobě a analyzovat své chování z kosmického hlediska a snažit se napravit vše, co napravit lze.

Zmizení lidí na Zemi

Odpovězme na další otázku našich čtenářů a upřesněme to, co jsme již částečně vysvětlili nebo zmínili. Například člověka zajímá, kam někteří lidé na Zemi mizí. Odcházejí z domova kvůli těm nejobyčejnějším věcem (do obchodu, do práce, ke kamarádovi) a už se nevracejí. Každý rok zmizí až tři tisíce lidí. Co se s nimi děje?

Z této odpovědi vylučujeme možnost trestněprávního výsledku. Na tuto otázku by měly odpovědět orgány činné v trestním řízení.

Vysvětlíme zmizení jiné povahy. Mohou být různého druhu: únos mimozemšťany, návraty v čase, přenesení do paralelních světů na Zemi a na podivná místa tak neurčitá, že je lidé nedokážou popsat.

Únos mimozemšťany nevyžaduje příliš vysvětlení. Je zřejmé, že obyvatelé jiných světů se zajímají o moderního člověka a přicházejí na Zemi s konkrétními cíli, zkoumají lidskou stavbu, stupeň rozvoje, stav biomateriálu, stav genového kódu a tak dále. Ostatní uvedená zmizení však souvisejí se strukturou planety.

Má-li člověk několik energetických těl se složitou vnitřní strukturou, pak jich má planeta ještě větší počet a jejich zvláštní jemnohmotnou strukturou. Všechna energetická těla jsou nutně vzájemně propojena určitými konstrukcemi a zvláštními kanály, pře které dochází k výměně energie. Pro člověka taková zařízení – tunely – nemusí být viditelná, protože jeho oči jsou naladěny na materiální spektrum frekvencí.

Vstupem do těchto bodů Země může člověk náhodou projít do jiné energetické konstrukci planety, kde uvidí něco nejasného a pro sebe nepochopitelného. Jedná se o přechod do jemnohmotného obalu Země, který je materií blízký materiálnímu plánu. V takových konstrukcích se může ztratit, ale může se také vrátit, pokud je dostatečně pozorný na své cestě a dokáže se správně orientovat v neznámých místech. Na druhou stranu, pokud se člověk ze zvědavosti zatoulá dostatečně daleko od přechodového bodu, může se zcela ztratit.

Proveďme následující srovnání. Když moucha spadne mezi skla okenního rámu, nevidí konstrukci jako celek, nevidí skla, na která dopadá, a nechápe, proč, když vidí světlo a prostor před sebou, nemůže volně letět. To znamená, že moucha může narazit na sklo, ale neví, co to je a jaké jsou její vlastnosti bránící letu. Struktura jejího zraku a stupeň rozvoje její mysli jí neumožňují pochopit neviditelné konstrukce, v nichž se nachází.

Stejně tak se člověk v mnoha ohledech nevyvinul do té míry, aby viděl a uvědomil si, kam směřuje. Dívá se a nevidí. Proto když se vrací, nejčastěji není schopen popsat místo, kde byl.

Existuje mnoho různých přechodových zón z jednoho pozemského prostoru do druhého a nejrůznějších kanálů. Obvykle jsou zavřené. Otevírají se pouze tehdy, když si obaly planety vyměňují energie, tedy když energie přicházejí nebo odcházejí. Pokud se člověk právě v tomto okamžiku dostane na dané místo, může přejít do jiného prostoru a nenávratně zmizet, protože nezná a nechápe principy působení těchto spojovacích kanálů. (Budou pro něj branou do jiného světa).

Podle toho, do kterého z přechodových tunelů člověk vstoupí, se může objevit buď v paralelním světě planety a vidět tam život podobné civilizace, nebo v holografických konstrukcích minulosti své civilizace. Pouze do holografických obrazu budoucnosti se nemůže dostat, protože obsahují silný potenciál energie prostředí, do kterých se ještě nevyvinul. A proto ho takové hologramy mohou jednoduše zničit a spálit. Člověk však může vidět hologramy budoucnosti jiným způsobem, pomocí jasnovidectví. V tomto případě by se však na vizi podílel jeho Určovatel. Pomůže mu poznat, co ho nebo společnost čeká v budoucnosti.

Do minulosti člověk může vstoupit pouze do holografických konstrukcí. Vždyť program života společnosti vytvářejí Vyšší Vývojáři jako konstrukcí jemnohmotného plánu, které jsou připraveny pro průchod situací lidmi v nich. Trochu to připomíná kulisy pro budoucí představení. Ožívají, když lidé přicházejí na jeviště.

Program společnosti vždy obsahuje několik rozvojových možností, z nichž v projeveném stavu minulosti zůstane pouze cesta, která byla zvolena. A pouze do těchto projevených konstrukcí se člověk může dostat stejnými spojovacími kanály. Ostatní nevyvinuté hologramy* variant běžný člověk neuvidí, protože jsou stále v jemnohmotném stavu. Jasnovidec je však dokáže vidět, pokud jeho třetí oko funguje pro tento rozsah energií. Lidé se do minulosti vracejí jen velmi zřídka, protože má zvláštní konstrukci. Častěji pronikají do paralelních plánu Země.

Mnoho lidí se ocitlo v paralelním světě a existují o tom různá svědectví. Lidé však obvykle vyprávějí různé příběhy, protože nevidí stejné obrázky. Z jejich příběhů si lze jen těžko udělat ucelenou představu o jednom světě.

Představme si však, že z paralelního plánu se bytosti dostanou na různá místa našeho světa. V důsledku toho uvidí různou přírodu, různá zvířata. Celé lidstvo je jedna civilizace, ale skládá se z různých národů, různých zemí, které jsou na různých stupních rozvoje. Mají různé způsoby života. Proto bude pro návštěvníky z paralelních světů obtížné určit z oddělených obrázků, na jaké fázi je lidstvo a co se vlastně ze sebe představuje. Když se dostanou do Afriky, bude jim všechno připadat divoké, ale když se dostanou do Ameriky nebo do Francie, budou lidstvo považovat za dostatečně civilizované. Takže i v jednom světě je všechno úplně jinak a člověk by na to neměl zapomínat. Tak i člověk v paralelním světě bude vždy vidět velmi odlišné věci, jak přírodu, tak i tvory. Proto bude obtížné spojit obrazy toho, co člověk vidí, do jednoho obrazu světa.

Všechna zmizení lidí jsou obvykle řízena jejich Určovateli a mají svůj účel. Člověk beze stopy zmizí pro svůj druh, ale ne pro Nebeského Učitele. A za jakým účelem je takový experiment dopouštěn, to vědí a plánují jen Vyšší.

Hlavní příčinou zmizení lidí je tedy jemnohmotná stavba naší planety. Člověk obvykle proniká jen do těch struktur Země, které jsou blízké fyzické materii, protože ostatní nesou energie, které jsou mu natolik cizí, že jeho existence v nich, a to i krátký pobyt, je nemožný.

Mimozemšťané viditelní i neviditelní

Někteří čtenáři se zajímají o neviditelné bytosti, ale obvykle je všechny označují jako duchy, přízraky a žádají o pomoc při jejich rozlišování.

Vskutku existuje mnoho neviditelných bytostí. Za prvé, některé mimozemšťany je také třeba zařadit do této kategorie, respektive je rozdělit na dva typy: na ty, kteří jsou pro člověka viditelní, a na ty, kteří jsou neviditelní, přičemž ti druzí se potkávají častěji.

Kdo by však měl být klasifikován jako viditelný a kdo jako neviditelný?

1. **Viditelní mimozemšťané** se dělí na dva typy.

Prvním typem jsou vysoce inteligentní bytosti ze stejného materiálního světa jako svět pozemský. Ti, kteří sem přicházejí, mají vyšší inteligenci než lidé. O tom svědčí i to, že přicházejí do našeho světa a lidé se k nim nemohou dostat vlastní dopravou.

Takoví materiální mimozemšťané jsou viditelní, ačkoli jejich materie je zcela odlišná od lidské a mají jinou vnitřní strukturu, jiné orgány a systémy podpory života. Jejich vzhled může, ale nemusí být podobný lidskému.

Druhým typem viditelných mimozemšťanů jsou inteligentní bytosti, které jsou o řád výše než první typ. Ve svém vlastním světě existují v podobě odlišné od lidského těla, ale když se dostanou do nějakého světa, mají kódy fyzické materie a berou na sebe podobu obyvatel tohoto světa. Člověk je tedy může vnímat jako sobě podobné. Na zemi na sebe berou podobu člověka, aby ho svým vzhledem nešokovali. Člověk není zvyklý setkávat se s něčím cizím. Vzhledem k tomuto psychologickému faktoru a s ohledem na to, že na sebe nechtějí upozornit, se maskují jako existující formy.

Navíc důvodem, proč se musí zmaterializovat, je potřeba vykonávat čistě fyzickou práci, která vyžaduje materiální formy, tedy působení materiálního na materiální jako rovnost potenciálních účinků. To jsou však ojedinělé případy, jsou schopni vykonat potřebnou práci jinými prostředky: energetický, číselnými kódy, myšlenkovými transformacemi a speciálními technickými zařízeními svého plánu.

Neviditelní mimozemšťané. Je jich mnoho. Existují v jemnohmotném světě, který je frekvenčně blízký světu fyzickému, přicházejí také v technických prostředcích – mimozemských lodích a vykonávají na Zemi určitou práci, kterou jim určil Bůh.

Někteří z nich jsou také schopni se zmaterializovat, ale raději zůstávají pro pozemšťany neviditelní. Neviditelní mimozemšťané mohou mít různou vnější podobu, někteří z nich mají humanoidní vzhled, jiní jsou nám zcela nepodobní.

Jeden čtenář se ptal: když jsou z jemnohmotné materií, proč potřebují lodě? Nejsou schopni se pohybovat například pouhou myšlenkou nebo teleportací?

"Síla myšlenky" a "teleportace" předpokládají znalost kódů materie, v níž daná forma existuje, stejně jako znalost materie, do níž se přesouvají. Nejlépe se to daří, když forma a svět patří k téže materií.

Ve svém vlastním světě se samozřejmě mimozemšťané mohou pohybovat, jak se jim zlíbí. Když je však bytost poslána do jiného světa, byť podobného, bude tam působit mnoho agresivních faktorů, které jsou pro její život nebezpečné. Navíc materie jiného světa bude pro ně vždy neúplně prozkoumána, protože je jim vzdálená. Je možné o něm něco vědět, ale ne všechno. Cizí materie s sebou vždy nese nebezpečí. Musí být tedy chráněni buď nějakým skafandrem, nebo energetickým polem. Energie je schopna dokonale chránit před nepříznivými vlivy prostředí. Proto také naši Nebeští Učitelé chtějí, abychom se během svého rozvoje naučili ovládat energii mentálně a chránili se energetickou kopulí. Na konci šesté a v sedmé rasy bude už tyto techniky ovládat. Člověk si nebude stavět obydlí pro sebe, ale začne vytvářet ochranné kopule, neproniknutelné větrem, deštěm a nízkými teplotami.

Pokud jde o mimozemšťany, mají různé způsoby obrany proti cizímu prostředí. O to silnější ochranu potřebují, když překonávají obrovský prostor, který je vždy plný nebezpečí, protože je tvořen úplně jinou materii, než v jaké jsou zvyklí žít. Loď je proto silná ochranná konstrukce.

Tím, že člověk požaduje po mimozemšťanech schopnost létat bez pomoci techniky, zaměňuje svou schopnost cestovat v jemnohmotném těle v pozemském světě s mylnými představami o cestování, které si vytvořili jednotliví experimentátoři nebo fantastové. Let člověka v jemnohmotném těle nepřesahuje hranice pozemského světa. Mnohé z toho je dokresleno jeho představivosti. Cestování člověka v jemnohmotném těle napříč vesmírem je iluze, běžný klam. Takové lety jsou možné ve velmi omezeném prostoru Země.

Při letech do jiných světů, ať už fyzických nebo energetických, je tedy rozhodně zapotřebí techniky. A samozřejmě bude vyrobena z materiálu, který lidstvo nezná, a bude mít pokročilejší princip pohybu než pozemská techniky.

Pokud člověk uvidí mimozemšťana, který se volně prochází po Zemi, ten bude mít nutně nasazený energetický štít, ale pro člověka zůstane nepostřehnutelný jeho zrakovým aparátem.

2. Kromě neviditelných mimozemšťanů v našem světě, zejména nyní v přechodném období, je zde mnoho neviditelných Podstat, které přicházejí z Vyšších světů Hierarchie Boha a Ďábla. Sestupují také Podstaty, které jsou blízké materii fyzického světa. Pracují přímo s lidmi a nacházejí se v blízkozemním prostoru, totiž pod první Úrovní Boží Hierarchie.

Mnoho Podstat pochází z Medicínského systému. Některé z nich pomáhají lidem, jiné provádějí medicínské experimenty. A všechny budou viditelné lidmi, nebo dokonce kamerou, jako světelné mraky nebo světelné skvrny.

Jasnovidci, kteří mají třetí oko naladěné na tento rozsah energií, je mohou vidět také jako bílé objemové mraky. Ale samozřejmě v nich nenajdou žádné oči ani uši, protože tyto bytosti mají svou vlastní formu existence. Lidská představivost se však vždy dotváří v beztvarých prvcích ty prvky, které jsou podobné samotnému člověku.

Mezi Podstaty, které pracují jen pro Zem, se vyskytují humanoidní formy. Většina z nich jsou bývalí špičkoví pozemské specialisté. Nadále slouží lidstvu v jemnohmotném plánu. Obvykle se o nich nemluví, ale my toto malé tajemství odhalíme.

Duše lidí, kteří dosáhli vysoké kvalifikace v poznávání něčeho, se po určitou dobu nemusí inkarnovat do materiálního lidského těla, například dokud na Zemi nepřijde nová rasa. Nejsou ještě vhodní pro první stupeň Boží Hierarchie, ale jejich úroveň pozemského poznání jim umožňuje být užiteční pro celé lidstvo, takže jsou ponecháni v jemnohmotném světě pro určitou práci se Zemí. Tím, že pomáhají lidem, pokračují ve svém rozvoji v jemnohmotných sférách planety a na Zemi se vrátí teprve tehdy, až si lidé začnou osvojovat nové funkce na dalším stupni rozvoje. Současná společnost není schopna zvýšit jejich Úroveň.

Zde, v prostoru blízkém Zemi, který je níž, než Boží Hierarchie, pracuje s lidstvem Hierarchie odborníků. Žijí zde jak záporní, tak kladné osobnosti. Někteří z nich jsou záchranáři, někteří jsou likvidátoři, které vyřazují stroje, pokud je to podle plánu nutné. V této Hierarchii jsou například Podstaty, které pracují na Separátoru s dušemi lidí po smrti. Jsou tady také Soudce, kteří hodnotí činy člověka během jeho života. Existuje mnoho specialistů, kteří obsluhují zařízení jemnohmotného plánu: samotný Separátor, komunikační kanály, opravy konstrukci éterického obalu Země a další.

Jednotliví jasnovidci mohou vidět Podstaty z této Hierarchie v lidské podobě (ale bez nohou), protože tyto duše si po určitou dobu uchovávají přízeň ke své staréformě. Však pohybují sejiným způsobem než ve fyzickém světě. Lidé si je často nevědomky pletou s duchy. Někdy je jim dáno právo vtělit se (narodit se) mezi lidi, aby lidstvu přinesli specializované znalosti.

3. Existují však i skuteční duchové nebo přízraky.

Byly opakovaně pozorovány běžnými očitými svědky a zaznamenány objektivy fotoaparátů. Jejich přítomnost nelze popřít, protože i fotografický film opakovaně zachytil jejich nejasnou siluetu ve starých hradcch a sklepeních. Co to tedy je?

Jako duchy a přízraky člověk může vnímat některé fantómy nebo obaly opuštěné po smrti, které se za určitých podmínek prostředí dlouho uchovávají. Obvykle se jedná o astrální energetická těla naplněná energií pocitů a emocí. Vypouštějí se při silných emočních otřesech, a proto se fixují na některé činnosti, které tomuto otřesu předcházely. Například na starém hradě obchází starý kníže v určitou dobu své komnaty a v tu chvíli je zabit. Duše je vystavena extrémnímu stresu, takže astrální tělo se následně upne na daný okamžik. Pak astrální tělo, obdařené pamětí, bude ještě dlouho pokračovat ve svém přízračném obcházení, protože je vtištěné do paměti astrálního těla jako účel jeho existence.

Duše v takovém obalu už není. Vyletěla, jak měla, a vydala se tam, kam se vydávají všechny duše. A astrální schránka, fixovaná na poslední emocionální program, poháněná silnou energií stresu, bude pokračovat v provádění svého mini-programu – obcházení zámku. Tato energetická těla však nevydrží věčně a po určité době se stejně sama zhroutí nebo budou Shora anulována. Jelikož se však jedná o jemnohmotnou strukturu, je schopna existovat delší dobu než struktura fyzická. V jemnohmotném světě může zůstat pětset až sedmset let, ale ne déle. Vyšší někdy tyto obalynezruší záměrně, aby v lidech probudili představivost, zájem o poznání jemnohmotného světa, aby v nich vzbudili objevné myšlenky.

Někdy specialisty z Hierarchie blízké Země nastraží na místo duchů hologramy. Uměle je vytvářejí, stejně jako dospělí vytvářejí pohádky pro děti. Duchové měli lidem naznačovat existenci nevysvětlitelných a záhadných jevů, možnost pobytu v jiném stavu a mnoho dalších věcí. Vize měly vždy obrovský emocionální dopad a přispívaly k vytváření mýtů, legend a fantazijní literatury, čímž probouzely lidskou tvořivost.

4. Mezi neviditelné bytosti mohou patřit také některé živé stavy, které sídlí v paralelních světech Země. I ty se mohou na nějakou dobu objevit a člověk je může vnímat jako bledé mraky nebo bledé světelné koule. Jsou však inteligentní a pracují výhradně na Zemi. Mimochodem, i pro ně bude člověk z jemnohmotného plánu vnímán jako určitý světelný stav, protože fyzický obal člověka vzhledem ke zvláštní struktuře svého zraku nemusí vnímat. Navázat komunikaci s jinou formou existence je obtížné, i když někteří toho dosahují pomocí zvuků (ťukání – "ano – ne") nebo jiných podmíněných signálů.

K tomuto složení neviditelného lze přidat i samotné duše lidí, kteří se po smrti zbaví fyzického obalu a zůstanou po určitou dobu v jemnohmotném plánu Země.

Pro člověka vypadají všichni stejně, jak se říká. Kamery se speciální citlivostí je také zaznamenávají jako jeden typ stavu, tedy jako světlé nebo tmavé mraky. Hrubá materiální technika je odosobňuje, protože je uzpůsobena k zachycení velmi omezeného počtu jemnohmotných energií. Pouze přímým kontaktem s těmito bytostmi, zapojením svých smyslů a znalostí, je možné pochopit, kdo vlastně jsou a odkud pocházejí.

5. Pokud jde o duchy, do této kategorie bytostí patří duchové lesů, moří, jezer, polí, hor a tak dále. Těmito duchy jsou míněny živé

bytosti, které vykonávají svou životní funkci v souladu s obecným programem Země.

To lze lépe pochopit na příkladu vody. Například aby řeka mohla existovat po požadovanou dobu, musí fungovat určitým způsobem a mít specifickou strukturu, složení, fyzikální ukazatele a mnoho dalších věcí, které člověk nezná.

Voda se vztahuje ke stavu Země a zajišťuje její životní funkce, stejně jako zajišťuje životní funkce živých bytostí, které jsou s ní programově spojeny. Proto se žádná řeka neobjevuje a nemizí jen tak sama od sebe, ale je naplánována speciálními Systémy Hierarchie a obdařena individuálním programem, který souvisí s celkovým programem planety. Kontrolaprovádění tohoto programu je svěřená Vyšší Podstatě z daného hierarchického Systému. Ten řídí řeku životem, totiž realizuje program do současné reality, dohlíží na jeho plnění. Tato Vyšší Podstata působí jako Nebeský Učitel, i když její práce je samozřejmě zcela odlišná od práce Učitele, který vede člověka.

Však program samotný je vložen do jemnohmotného Stavu, který zajišťuje funkci vody v podobě řeky a který tuto řeku na Zemi vede, to znamená, že jemnohmotný Stav vede materiální formu řeky a udržuje její konfiguraci a funkce. Působí jako Duch řeky. Tento Duch však není nezávislý, ale je veden a řízen Shora.

Je obtížné převést do lidské řeči to, co se ve skutečnosti odehrává na jemnohmotném plánu. Ale taková analogie existuje: Učitel – žák, i když se procesy velmi liší. Jedná se o velmi složitou strukturu a složitý vztah jedněch oduševnělých forem k jiným.

Duch řeky je Stav, který nese a vykonává program její existence. Zatímco Stav, který tento program řídí Shora, je konkretní řídící Podstata z vyšších úrovní. Provádí také kontrolu nad přírodou planety. Proto se řeka v určitém čase objeví na určitém místě a v určitém čase zmizí, tedy zanikne.

Moře je také voda, ale má jinou formu, jiné složení a tak dále. Jezero je také voda a také se liší svou formou existence od řeky a moře, protože jsou naplánovány tak, aby v této formě zůstaly, a tato forma je dána jejich programem, který provádí jakýsi jemnohmotný Stav zvaný Duch moře, řeky, jezera, lesa. To znamená, že takové živé inteligentní

Stavy skutečně existují a nejsou výplodem lidské fantazie. Existují však ve svém vlastním světě a ve svých vlastních situací.

Pokud řeka zemře, její Duch, Stav, se od ní oddělí a z plánů Země se vrátí do hierarchického Systému a tam dostane nový úkol. Přitom může vést nejen materiální přírodní formu v našem světě, ale i ve světě paralelním.

Všechno v přírodě řídí živí Stavy, kteří přesně určují tvar lesů, pouští a vodních ploch. Někteří lidé jsou schopni najít společnou řeč a porozumění s jejích duchy a pak jsou schopni se od nich naučit některá tajemství přírody. To je ovšem velmi obtížné, protože tito Duchové existují v situacích a existencí, které si člověk uvědomuje jen velmi obtížně.

- - -

Zde si také vyznačíme Ducha Země, respektive si řekneme, co se za ním skrývá. Země jako planeta je obdařena duší. Člověk s ní nemůže být v kontaktu, protože se nachází na různých Úrovních rozvoje. Podivné jevy, s nimiž se člověk občas setkává, však přisuzuje Duchu Země. Uvidíme, co si za něj představuje.

Někteří průzkumníci hlubin země tvrdí, že se při práci v útrobách země často setkávají s nepochopitelnými jevy, které se projevují v různých podobách, až po výskyt duchů v podzemí a světelné a zvukové efekty. Je to výplod fantazie nebo lidská halucinace způsobená změnami parametrů prostředí?

Pokud Země na některých místech nedovoluje zvědavcům prozkoumat její hlubiny, pak se jedná o zakázané zóny. Uvnitř planety ve své vlastní dimenzi existuje zvláštní Systém, který se skládá z určitého počtu inteligentních Podstat. Tento výpočetní Systém vykonává určitou práci pro planetu a vesmír. Ačkoli se nachází v jemnohmotném světě, mnohé jeho struktury jsou blízké fyzickému plánu.

Systém nechce, aby lidé viděli něco z jeho světa nebo aby svou nevědomostí něco poškodili, a proto obvykle odrazuje průzkumníky různými způsoby. Ale když to nefunguje, ti, kteří jsou příliš zvědaví, jsou jednoduše zničeni. Je to záporní Systém, který není zvyklý obcovat s lidmi a jeho plány, práce jsou pro něj důležitější než lidské zkoumání.

Mnohá tajemství Vyšší nechtějí odhalit, protože člověk ještě není natolik zralý, aby jim porozuměl.

Výše jsme uvedli několik druhů neviditelných bytostí, ačkoli tento seznam není v žádném případě úplný. Umožňuje však také posoudit přítomnost takových forem inteligentního života na Zemi, o nichž člověk dříve neměl tušení. Vše, co vidí, jsou pro něj buď andělé, nebo duchové. Naše údaje mu však umožní zamyslet se nad tím, s kým má případně co do činění, když se setká s neviditelnou bytostí.

V našem světě tedy existuje mnoho neviditelných bytostí a stačí se jen naučit rozpoznat, "kdo je kdo" a ke kterému světu patří.

Otázka: – Je svět duchů duchovním světem?

Odpověď: – Svět duchů patří k pozemskému plánu. Vše, co patří do fyzického světa, je považováno za nízké, a proto nemůže být duchovní. Duchovní světy začínají od první Úrovni Boží Hierarchie.

Někdy lidé považují prostor, do kterého se po smrti dostávají lidské duše, za duchovní svět. Je to však společné úschovna duší, kde sídlí jak nízcí, tak i vysocí jedinci, uspořádaní v hierarchickém pořadí. Toto úložiště není součástí duchovního světa. Nachází se sice v prostoru kolem Zemi, ale v jiné dimenzi.

Otázka: – Můžete nám říct, co je to úschovna duší?

Odpověď: – Jedná se také o Hierarchii. Po smrti jsou duše

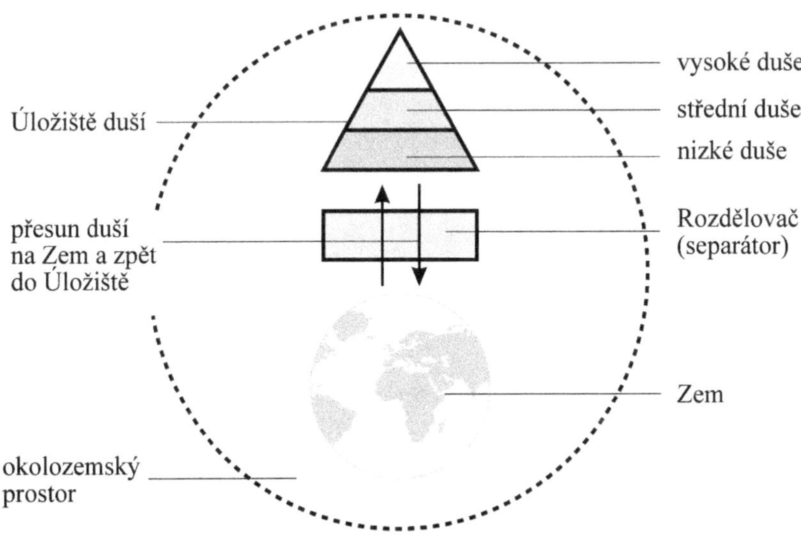

143
Obrázek 12. Úložiště duší

seřazeny v přísném pořadí podle stupně svého rozvoje, totiž jsou také rozděleny do úložiště podle Úrovní (Obr. 12). To pomáhá v práci s nimi. Každá Úroveň má své vlastní parametry a potenciál energii. V úvahu se však bere i specializace duší, tedy matematici budou umístěni do jedné části Úrovně se stejným potenciálem, fyzikové do druhé, malíři do třetí, učitelé do čtvrté a tak dále. Duše, které na Zemi dosáhly vysokého stupně kvalifikace, jsou vysoce ceněny a často jsou využívány k předávání odborných znalostí lidstvu. Pomáhají také lidstvu rozvíjet některé inovace, například v podobě módních prvků, některých vynálezů, předmětů pro domácnost, nových žánrů v tvorbě a tak dále. Vše složitější je rozvíjeno Podstatami Boží Hierarchie.

Nejnižší Úrovně úložiště jsou ve stavu spánku. Zde jsou mladé duše, které ještě nic neumějí, nic neznají a bez fyzického mozku a programu nejsou schopny vůbec myslet. Jejich vědomí se většinou vypne ihned po Soudu a analýze životních chyb. Do doby další inkarnace jsou neaktivní.

Duše, které dosáhly středních Úrovní, se již mohou účastnit života v jemnohmotném světě. Zde zažívají jinou formu existence než na fyzickém plánu. Tyto duše jsou vykonavateli vůli Podstat a vyšších lidských duši, které plní určitou práci v jemnohmotném nebo fyzickém světě. Rozvinuté duše pokračují v aktivní práci i na jemnohmotném plánu. Někdy se podílejí na práci spiritistů a médiu, pracují s technikami jemnohmotného světa, pomáhají navazovat kontakt s člověkem, budují kanály pro spouštění dolu inkarnovaných duší, podílejí se na práci separátoru a vykonávají mnoho dalších činností.

O duších, které dosáhly vyšších Úrovní a mají určitou specializaci, jsme hovořili dříve. Aktivně se podílejí na životě jemnohmotného světa Země a pokračují v práci pro lidstvo.

Pránici

Otázka: – Kdo jsou lidé, kterým se říká "pránici"?

Odpověď: – Jsou to lidé, jejichž životní funkce plně zajišťuje sluneční energie. Nyní (v roce 2005) jich na Zemi žije asi třicet tisíc.

Jedná se o testovací vzorky, jejichž fyzické tělo je postaveno jinak než tělo současného člověka, ačkoli navenek mezi nimi nejsou žádné rozdíly.

Psali jsme, že nová šestá rasa změní základ výživy, bude přijímat energii Slunce přímo nebo jíst pouze rostlinnou stravu. A protože nový věk Vodnáře, který obsahuje počátky šesté rasy, již zahájil svůj pochod po planetě, začali Vyšší uskutečňovat své další plány.

Například jen v Moskvě bylo v tomto období asi šedesát tisíc dětí schopných telepaticky zachytit myšlenky jiných lidí. Tato vlastnost je však od určitého okamžiku otevřená a může být v případě potřeby uzavřena, pokud ji Vyšší považuje za nepotřebnou pro další rozvoj jedince. To znamená, že pokud má člověk nějakou zvláštnost, neznamená to, že ji bude mít vždy.

Nová šestá rasa dává člověku mnoho mimořádných vlastností. Proto se budou i nadále objevovat lidé s nejrůznějšími úžasnými schopnostmi, které je třeba brát jako samozřejmost. Jedná se o zástupce nové "zlaté" rasy... ale je třeba zmínit, že se stále jedná o testovací vzorky. Na nich se testují hlavní funkce lidského fyzického těla a jemnohmotných obalů, které se připravují na zvládnutí nových druhů energie. Energetické procesy uvnitř fyzických a jemnohmotných obalů se mění.

Navenek jsou "pránici" stejní jako příslušníci páté rasy. Mnozí z nich začali žít jako všichni ostatní, to znamená, že se živili hmotnou potravou. V určitém okamžiku však byl zahájen nový program a jejich Určovatelé se je začali snažit převést na jinou základ výživy – energii Slunce. Jistě byli už od narození staveni fyziologicky jinak než obyčejné příslušníci páté rasy, takže se jim podařilo přejít na jiný stravovací režim.

Všechny experimenty jsou prováděny Shora a bez povšimnutí člověka. Sám si všímá jen svých přáni, které jako by se mu náhle zjevily: "Zpočátku jsem neměl chuť jíst maso, a tak jsem přešel na rostlinnou stravu. A po nějaké době jsem měl pocit, že se bez jídla obejdu vůbec. Přestal jsem jíst, jen pít. Sluneční energie mi stačí k životu".

Je to úžasné – najednou "se nechce jíst maso" a pak i jiné hmotné potraviny. Co jiného to je než působení jeho programu, který vysílá impulsy k tomu, co by člověk měl a co by neměl dělat. Člověk si při realizaci impulzů-nařízení sám neuvědomuje, že je podřízen programu a, že všechny jeho touhy jsou podřízeny jejího působení.

Stejným způsobem jako pránici byl například vypracován program zázračných dětí, tedy dětí, které mají využít svého dětství k urychlení svého rozvoje. Ve zlaté rase se Vyšší chystají odstranit dětství jako období prazdné nečinností člověka. Intelektuální a tvůrčí programy byly vypracovány na zázračných dětech, možnost zapojení dítěte do vážné práce na sobě. Experiment byl úspěšný. Vyšší analyzovaly, jak by mělo být dětství využito s maximálním užitkem pro zdokonalování duše. Nyní se testuje program fungování fyzického obalu na sluneční energii.

Lidé však dosud nechápou podstatu těchto neobvyklých jevů. Jedna z pránic se snažila povzbudit ostatní lidi, aby následovali jejího příkladu. Ve skutečnosti je však absurdní následovat něčímu, čemu nerozumíme. To, co se jí bez problémů podařilo, může vést ke smrti jiného, navenek jí podobného, ale zcela jinak konstruovaného člověka.

Příslušník šesté rasy, který si to možná ani sám neuvědomuje, se zásadně liší od příslušníka páté rasy a jejich životní funkce jsou založeny na jiném základě. Takže to, co je snadno dostupné příslušníkovi šesté rasy, je zatím nedostupné příslušníkovi páté rasy. Mohou se porovnávat jen samy se sebou, ale je marné snažit se měnit své funkce. Člověk šesté rasy má takovou perspektivu ve své struktuře a člověk páté rasy má jinou konstrukci, proto se taková vlastnost nemusí objevit, i když se snaží, ať se snaží sebevíc. Různá stavba se projevuje různými vlastnostmi člověka.

Zajímavá je stavba materii člověka šesté rasy. A tak by "pránici" měli mít již rozdíly ve struktuře biomatérie. Určitě jsou a jsou docela významné a to, co bude současný člověk schopen objevit, závisí na míře jeho pochopení jemnohmotných procesů a jejich spojení s fyzickou materii. Je jasné, že hrubý materialista tyto rozdíly nepostřehne, protože nemá potřebné znalosti o energetické struktuře člověka.

"Pránici" absorbují fyzickou energii Slunce (kožními buňkami, příjem energie čakrami) a transformují ji na druhy energie, které spotřebovávají orgány a systémy biomaterie těla. Energie, která byla dříve dodávána prostřednictvím potravy a jejího zpracování v trávicím systému, bude nyní dodávána tkáňovým buňkám jinou cestou. Éterické tělo a astrální tělo, orientované na fyzické spektrum energií, a ostatní energetická těla byla za tímto účelem restrukturalizována.

Tělesná výživa jako životní funkce se u "pránic" zachována v raných fázích života až do určitého věku, protože procesy stavby materiálního těla ještě nebyly dostatečně propracované. Ke své stavbě potřebuje přísun chemických a fyzikálních prvků, ale od určitého okamžiku se životní funkce mění tak, že jsou schopny po dlouhou dobu uschovávat to, co mají, a pro svou práci přijímají pouze energii. Mnoho procesů samozřejmě ještě není řádně propracováno a testuje se v různých zátěžových a environmentálních podmínkách. Testuje se schopnost těla získávat tekutiny přímo ze vzduchu, kde je velké množství vlhkosti ve formě páry.

Praví příslušníci zlaté rasy nebudou od narození potřebovat hmotnou potravu, ale to vyžaduje radikální přestavbu celé lidské struktury jak na fyzickém, tak na jemnohmotném plánu, což znamená, že se především změní energeticky. To vyžaduje dlouhodobé experimenty. Nyní máme to štěstí vidět, že takové pokusy probíhají, a ve všem, co je nezasvěcenému oku cizí, nacházíme stopy usilovné práce našich Vyšších bratrů, kteří se všemi prostředky snaží učinit člověka dokonalým a pozvednout ho na svou Úroveň.

Pokud bude tento experiment úspěšný, umožní vyřadit z oběhu trávicí orgány v lidské konstrukci a tělo bude do začátku sedmé rasy zcela přestavěno pro jiné funkce. Pokud však budou zjištěny nějaké závady, budou provedeny nové korekce ve stavbě těla. V každém případě se však člověk změní jak navenek, tak uvnitř.

Existence lidí, které jsou stavěné na spotřebu sluneční energii, neznamená, že se na tuto formu životostrávy budou moci v blízké budoucnosti převedené všichni lidé. Existují ještě další exempláře, které jsou stavené na kosmické energii, ale zatím jich je jen několik. Čas ukáže, která z nich bude mít výhody. Hlavním cílem těchto pokusů je postupně převést člověka na přímé vyživování jemnohmotnými energiemi, jako je tomu v případě Podstat v Boží Hierarchii. Nemají žádný příjem potravy jako lidé. Podstaty jsou vyživovány jemnohmotnými energiemi, přesněji řečeno "dobíjeny". Děje se tak v okamžiku, kdy vykonávají nějakou činnost, tedy produkují energii a část z ní spotřebují na svou "výživu". Nemají však pojem "krmení", ale "dobíjení".

Metody vzkříšení

Otázka: – V minulosti se na Zemi vyskytly případy vzkříšení a existují i v současnosti. Někteří senzibilové tvrdí, že dokáží vzkřísit mrtvé. Je to opravdu možné?

Odpověď: – Nebudeme mluvit o minulých zázracích vzkříšení. Pokud je Vyšší z nich k nějakému účelu potřebovali, udělali je. V minulosti však byla úroveň lidí velmi nízká, takže aby se mohli rozvíjet, museli být pravidelně otřásáni neobvyklými zázraky. To dalo podnět k hnutí myšlenek a duchovní práci na sobě samých.

Nyní je situace jiná. Rozkvět civilizace a technický pokrok je zásluhou přítomnosti a hojnosti intelektuálů ve společnosti. Díky jejich myšlenkové aktivitě získali i ostatní lidé na nižší Úrovni nové, zjednodušené a snadno pochopitelné poznatky jako základ svých pojmů. Intelektuálové se snaží popularizovat vše, čemu rozumí, pro ty, kteří stojí níž. To jim umožňuje přiblížit pojmy nižší Úrovně těm vyšším a podívat se na staré legendy nebo nové zázraky jinýma očima.

Pokud tedy mluvit o vzkříšení vážně, je třeba ho rozdělit do dvou bodů.

1. Skutečné způsoby vzkříšení.
2. Imaginární (iluzorní) způsoby.

První způsob má dvě dílčí položky. Podívejme se na ně ze současné perspektivy.

a). Vzkříšení v medicíně.

Vzkříšení člověka je již naší medicíně dobře známo. Tento proces do značné míry zvládla, i když není považován za zázračný. A má k tomu své vlastní způsoby. Byly zaznamenány tisíce případů, kdy se lidé po klinické smrti vrátili k životu. Mluví se o tom, často se o tom píše v tisku. Není na tom nic senzačního. Ale toto vzkříšení vyžaduje určité podmínky: po smrti člověka nesmí být více než šest minut a tělo nemělo by žádné velké poškození, jak říkají lékaři, "neslučitelné se životem". Pokud jsou tyto podmínky splněny, je člověk přivedeny zpět k životu pomocí elektrických šoků, léků a umělého dýchání. Pokud smrt trvá déle než šest minut, dochází v mozku k nevratným procesům a vzkříšení je nemožné. I když věřím, že brzy najdou způsob, jak udržet mozek při životě, zatímco srdce je přiváděné do činnosti.

Každé takové vzkříšení je samozřejmě vítané Vyššímu a děje se s jejích pomocí, protože oni rozhodují, zda duši vrátí, nebo ji vezmou zpět k sobě. Pokud ji však vrátí, sledují určité cíle. Za prvé, člověk po klinické smrti nutně mění svůj pohled na svět, své názory na život, a takové otřesy jsou pro něj užitečné. Pravděpodobně ho to zachrání před degradací nebo před nějakým špatným jednáním v budoucnu.

Za druhé se lékař dostane k šokujícímu poznatku, že ne všechna úmrtí jsou konečná. Lékařova vytrvalost, houževnatost v boji o život a jeho vůle pomáhají člověka přivést zpět z "druhého břehu". Takové případy vzdělávají samotné lékaře a narušují jejich stereotypy. Mnoho lékařů přestane bojovat o život, jakmile se pacientovi zastaví srdce. Když lékař přivede člověka po klinické smrti zpět k životu, povzbudí ho to k vážnému zamyšlení a k hledání nových způsobů boje o život.

Takové vzkříšení je samozřejmě také zázrak, protože se to dříve nestávalo. Žádní lékaři, kteří vzkřísili člověka, žádní reanimátoři se však nenazývají novým Kristem nebo Bohem. Nadále se považují za obyčejné služebníky medicíny. A pro ně se to už dávno stalo běžnou záležitostí.

Ale totéž vzkříšení provedené jiným způsobem je již označováno za zázrak a jeho původce je nazýván Bohem, ačkoli samotné vzkříšení se často děje s minimálním úsilím. (To se týká iluzorních vzkříšení.)

b). Druhý způsob vzkříšení zahrnuje letargický spánek nebo stav transu.

Všechny procesy u takového člověka jsou natolik zpomalené, že je pro neinformovaného člověka obtížné odlišit ho od mrtvého. Příbuzní jsou navíc takovým stavem natolik vyděšeni, že ho nejsou schopni analyzovat. Pokud se objeví jasnovidec nebo médium, které je schopny pochopit tento stav, může využít situace k oživení člověka, který je skutečně naživu. Pro příbuzné bude jeho návrat k životu vypadat jako zmrtvýchvstání.

Letargický spánek je obvykle spojen se šokem a stresem. Duše je vyhnána silným přílivem energie, který vzniká při šoku, ale zůstává spojena s tělem "stříbrnou nití života". Kvůli nedostatku energie se nemůže vrátit do těla a zůstává v jeho blízkosti. Pokud ji médium dodá energii, kterou potřebuje pro návrat, vstoupí do fyzického těla a sen bude ukončen.

Toto probuzení k životu může být zaměněno za vzkříšení. Některé léky mohou také dodat duši dodatečnou energii, která, je-li dostatečně akumulována, umožňuje duši návrat.

Při některých druzích transu duše rovněž opouští tělo, jehož životní funkce mohou být omezeny na určitou míru. Lidé, kteří tento stav neznají, si ho mohou splést se smrtí, protože osoba v transu na ně není schopna reagovat ani slovy, ani pohyby. Proto jsou často ze strachu a neznalosti mylně považováni za mrtvé. A pokud médium přivede duši zpět do těla, dá se klidně říci, že dotyčného vzkřísil.

Stavy transu mají nejrůznější podoby. Nejčastěji je, že člověk schopen slyšet druhého a odpovídat na otázky experimentátora nebo učitele, pokud se jedná o experimentální trans. Vše závisí na jejich jemnohmotné a fyzické struktuře. Je však skutečností, že některé nejasné stavy člověka mohou být jeho okolím přijaty jako smrt v záchvatu nervového šoku nebo strachu. To dává jasnovidcům příležitost považovat se za schopné vzkřísit údajně "mrtvé".

2. Všechna ostatní vzkříšení lze označit za iluzorní.

Například Longo – moderní bílý kouzelník – křísil mrtvé a bylo to zaznamenáno na video kameru. Mrtvé tělo se skutečně pohnulo a vstalo, což se zdálo jako zázrak. Ale tělo pouze rozhýbal, nikoliv oživil, tedy nevrátil duši. Mrtvý muž zůstal po sezení mrtvým mužem.

Jak sám později vyprávěl, ovládání mrtvého těla na úrovni zombie bylo ovlivněno jemnohmotnou energií, kterou do těla mrtvého vháněl prostřednictvím čakry. Pomocí vlastní jemnohmotné energie ovládal kouzelník cizí tělo a nutil ho k pohybu. Sám Longo se však z takového experimentu vzpamatovával velmi dlouho, tak dlouho, že se neodvážil podobnou zkušenost zopakovat.

Kouzelník provedl tento experiment s využitím nových poznatků o lidské energetice.

Člověk se musí ptát: co je to vzkříšení, schopnost mrtvého těla pohybovat se, aniž by si cokoli uvědomovalo, nebo návrat duše do něj? Člověk obvykle chápe vzkříšení jako pohyb těla, ale zda se do něj duše vrátila, či nikoli, to nechápe a nemůže nijak ověřit. Proto se objevuje druhý způsob iluzorního vzkříšení.

Podívejme se na několik jeho způsobů.

a). Zombie. Jedná se o iluzorní vzkříšení člověka. Ve skutečnosti je to ovládání cizího těla bez duše na dálku nebo s její (duší) úplnou blokací v jemnohmotných obalech. Jedná se o mechanickou metodu. Člověk, který má velmi silnou energii a ovládá speciální techniky, dokáže pohybovat jinými předměty, včetně mrtvých těl. Dokáže s nimi také manipulovat.

Existuje i jiný způsob vytváření zombie. To přímo souvisí se zapojením bytosti záporného Systému. Ovládají mrtvá těla z jemnohmotného světa nebo je mohou dočasně obývat. Děje se tak s cílem zastrašit nebo zničit jednotlivce.

Iluzorní vzkříšení vždy zahrnuje nepřítomnost duše v těle zemřelého.

Když je zombie vytvořena podáním jedů nebo speciálních psychotropních látek živému člověku, duše je pak zablokována v jemnohmotných obalech, ztrácí normální spojení s fyzickým tělem a to, přestože si zachovává své životní funkce, je schopno podřídit se cizí vůli.

b). Vzkříšení pomocí materiálních hologramů.

Toto imaginární vzkříšení je založeno na vytváření materiálních hologramů mrtvých lidí. Vzkřísitel se také domlouvá s Podstaty záporného nebo kladného Systému. Ty pak vytvoří hologram člověka, kterou chce médium vidět, a přimějí ji jednat podle určitého scenérie.

(Někdy může být zápornými Podstaty oklamán i sám senzibil, tedy ujistí ho, že je to on, kdo provádí vzkříšení, a že vzkříšení je pravdivé. Ale ve skutečnosti Podstaty vytvářejí hologram vzkříšeného, který v pozemském světě dlouho nezůstává. Pokud se někdo zeptá, proč klamou médium, pak jde o to, že tito lidé musí věřit ve vlastní sílu, což v nich rozvíjí pýchu, záporní vlastnost, kterou podporuje záporní Systém. Pokud je médium oklamán kladnýmiPodstaty, pak před ním skrývá pravdu, protože většina senzibilů je velmi důvěřivá a upřímná: říkají lidem vše, co sami vědí. A pokud je zmrtvýchvstání vymyšlené, pak je lepší, aby o něm jasnovidec nevěděl, jinak se od takového zázraku sám odřekne nebo vše lidem řekne. A Podstaty mají často zájem vytvořit pro lidi mýtus, legendu, aby je poučili. Napodobováním hrdinů mýtů se člověk snaží získat stejné schopnosti jako oni).

Obvykle poté, co údajně dojde ke vzkříšení, imaginární vzkříšení muži mohou byt zahlédnuté v dálce svými příbuzní nebo projdou kolem, aniž by někoho poznali. Jejich tváře jsou lhostejné, vypadají spíš jako masky. Nemají paměť, nic si nepamatují a nikdy se k rodině nevrátí. Mohou několikrát zavolat svým příbuzným a známý hlas řekne, že jsou naživu a daří se jim dobře, ale že budou žít někde jinde. Médium může tvrdit, že vzkříšená osoba začala nový život.

Důvodem tohoto podivného chování je, že dříve mrtví lidé nemají duši. Zombíci i materiální hologramy nemají duši, takže si nic nepamatují a nikoho nepoznávají. Poté, co se takoví "vzkříšení" objeví v určitých situacích, brzy zmizí z dohledu svých příbuzných a těch, kteří je znají. Iluze příbuzných, že ještě někde žijí, jim zůstává a tím se jim ulevuje.

Někdy místo materiálních hologramů používá médium obyčejné ovlivňování, pokud ovládá hypnózu. Když se člověk podívá na jinou osobu, jednoduše ho ovlivňují hypnózou, že se jedná o dříve zesnulého příbuzného. Hypnózou se může byt vsugerováno cokoli, což je dobře známo těm, kteří byli pod vlivem hypnotizéra. Tito lidé na jevišti vidí slunné pláže a Kanárské ostrovy, objímají se s popovými hvězdami a příbuznými. Ukázalo se však, že jde o sugesci.

c). Způsob manipulace s různými lidmi.

Podstaty záporného Systému jsou pak zapojeny a pomáhají jednotlivým senzibilům a mágům. Podstaty vykonají zázrak a mág jejich výsledek přičítá sám sobě. Tyto Podstaty však sledují své vlastní cíle. Podstata manipulace s lidmi je následující. (Jedna z našich skupin senzibilů provedla tento druh vzkříšení.)

Byl tu takový případ. Ve vyhořelé chalupě bylo nalezeno tělo ohořelého muže. Byl pohřben jako syn majitelů chalupy, který se před týdnem ztratil. Majitelé se obrátili na jasnovidce, aby zjistili, kdo chalupu zapálil a mladíka zabil. Přinesli senzibilu obrázek oběti a on zjistil, že je naživu.

Prostřednictvím Podstat, které s médiem spolupracovaly, zjistil, kde se nachází. Senzibil pak rodině oznámil, že se mu podaří vzkřísit jejich syna z fotografie. Začal pracovat s fotografií a pak naznačil, kde vzkříšeného muže hledat. Na uvedeném místě byl skutečně nalezen, ale protože popíjel s kamarádem, nic si nepamatoval.

A hrob skutečné mrtvoly nebyl pro ověření vykopán. Hlavní bylo, že ten muž žil. Všichni však uvěřili, že došlo ke vzkříšení, a začali o zázraku vyprávět ostatním.

Při manipulaci s lidmi vždy dochází k záměně: jedna osoba zemře a druhá je "vzkříšena", která nezemřela, ale prostě jen dočasně zmizela od svých příbuzných. To znamená, že živá osoba je vydávána za mrtvou a skutečný zesnulý je pohřben (pro účely experimentu ho mohou dematerializovat). Po "zázračném oživení" se ukáže místo, kde se nachází živý.

Navzdory těmto manipulacím však musí mít senzibil dar jasnovidnosti nebo hypnózy. (Ve vzácných případech jedná ve spojení s Podstaty, kteří jsou na jemnohmotném plánu). Bez přítomnosti určitých neobvyklých vlastností není médium schopno konat ani imaginární zázraky.

Jak nám řekli na kontaktech – mrtví lidé nejsou nikdy vzkříšeni. Důvodem je obtížnost návratu duší do materiálního těla (když už byla stříbrná nit života přetržena). Pokud člověk zemřel, znamená to, že se jeho program vyčerpal, a aby mohl po vzkříšení žít dál, musí dostat nový program, což je konstruktivní problém. Kromě toho je narušena práce energetických těles, aktivuje se mechanismus zbavování se dočasných obalů a řada dalších procesů demontáže. Když tedy víme, co je duše, jaká je jemnohmotná struktura člověka a co se s duší děje po smrti, můžeme pochopit, že takové vzkříšení může být pouze fikcí.

Kapitola 11
VYBRANÉ OTÁZKY

Sněžný muž

Otázka: – Je Yetti prodloužením neandertálců? Mnozí vědci se snaží najít genetickou spojitost s lidskými předky a předpokládají, že pravěký člověk nějakým způsobem přežil nepříznivé období, izoloval se od ostatních pozemských tvorů a bezpečně přežil v malém uskupení až do současnosti. Co můžete říci k této otázce?

Odpověď: – O sněžném muži jsme mluvili v knize "Vyšší Rozum odhaluje tajemství". Není prodloužením dávné lidské rasy. Je to zvláštní druh humanoidního inteligentního tvora, který byl stvořen kosmickýmmateriálním Systémem k provádění speciálních ekologických prací na Zemi.

Jeho mysl je jiná než lidská a je určena k jiným operacím. Ačkoli se sněžný muž vzhledově podobá pravěkému člověku, jeho duševní potenciál a schopnosti jsou mnohonásobně větší. A protože má silný energetický potenciál, je schopen potlačit vůli člověka a přinutit ho ke své vůli nebo požadovanému jednání. U lidí se tato vlastnost nazývá hypnóza.

Sněžný muž žije ve svých vlastních situacích a jeho mysl je zaměřena na jiné vnímání světa. Chybí mu vývoj smyslů. Je částečně robotický a postrádá vlastnosti lidské bytosti. Sněžný muž nevraždí, ale není ani humánní. Je krutý pouze v sebeobraně. Protože však žije v jiných podmínkách, tedy má svůj vlastní způsob existence než člověk, mohou lidé mnohé jeho činy považovat za divoké a podřadné.

Tento druh byl na naši planetu dovezen v dospělém stavu teprve nedávno (19. století n. l.). Vědci již zkoumáním jeho buňky potvrdili, že má jinou strukturu než starověký člověk současné civilizace.

Důvodem jeho výskytu na Zemi je narušení ekologie životního prostředí. Sněžný muž vykonává práci, která je mimo dohled pozemšťanů a mimo jejich chápání. Pracuje pro svůj Materiální Systém, poskytuje mu potřebné informace, zatímco on kontroluje jeho bezpečnost a udržuje ho v izolaci od civilizace.

Tento kosmický Systém se snaží ho před lidmi utajit, i když pro některé účely umožňuje individuální kontakt s lidmi. Těla se po smrti obvykle dematerializují, takže se jejich mrtvé ostatky nenajdou. I když je ojedinělý případ, když se našla část těla. Lze však předpokládat, že byl zanechán buď náhodou, nebo proto, aby se v něm člověk mohl něco dozvědět a pochopit ho. Vezměme si například genetiku. Dokonce i několik nalezených buněk umožňuje porovnat biomateriál a pochopit, že se liší od lidského.

Yetti nemá na Zemi budoucnost. Jakmile splní svůj úkol, zmizí stejně nepozorovaně, jako se objevil. K šesté rase se nepřipojí.

Poltergeist

Otázka: – Co je příčinou poltergeistu?

Odpověď: – Nejprve je třeba se zamyslet nad tím, co se rozumí pod pojmem poltergeist. Obvykle jde o létající, náhle se pohybující nebo padající předměty a v některých případech o úmyslné pohyby předmětů směrem k člověku, jako by se ho někdo neviditelný chystal úmyslně zasáhnout. Někteří svědci tvrdí, že po nich někdo házel nože a vidličky a oni měli problém se jim vyhnout.

Někteří odborníci na paranormální jevy to připisují působení psychické energie člověka, která se vymkla kontrole. K tomu dochází zejména u dospívajících dětí. Nejčastěji se to klade za vinu dětem, formování jejich psychiky.

Poltergeist je hlučný duch, jak to stručně vyjadřuje slovník, a v tomto ohledu je nejblíže pravdě. Děti s tím nemají nic společného. Tento "hlučný duch" se na ně prostě snaží svést své vylomeniny.

Průměrný člověk má velmi slabou psychickou energii a není schopen na jejím základě ničím pohnout, ať už v důsledku stresu nebo vůle. Aby toho byl schopen, musí projít velmi dlouhou cestou rozvoje, jeho duše musí být značně rozvinutá. Lidí jako Uri Geller může být na světě jen pár. Pracuje s psychickou energií a v některých případech ji ovládá podle své vůle. Jeho zázraky se však neobejdou bez pomoci Vyšších.

A poltergeist je v našem světě velmi častým jevem. Nejčastěji je to způsobeno tím, že do našeho života zasahují bytosti z nízkého, paralelního plánu. Země má díky své zvláštní stavbě mnoho styčných bodů s nižším světem. A za určitých okolností z ní bytosti pronikají k lidem.

Když se lidé v nějakém místě (obvykle v rodinném sídle) hodně hádají, vyvrhují hrubé proudy nízkých energií. Tyto energie se hromadí na jednom místě. Hrubohmotné energie prolomí obranu mezi sousedními světy (pozemským a nižším) a otevřou kanál do nižšího plánu. Je možné navázat kontakt nejen s vyšším světem (Podstatami z Boží Hierarchie), ale také s nižším světem. A podle chování těchto bytostí lze již nyní usuzovat, kdo z jakého světa pochází. Ti nižší rádi zastrašují, zle siškádlí nadčlověkem, vytvářejí pikle.

Nahromaděná hrubohmotná energie přitahuje nízké entity. Vstoupí do zóny nízké energie a cítí se v ní "jako doma". Tím, že provokují člověka k hádce, strachu, živí se touto energií. Právě tyto bytosti přemisťují předměty v místnosti, shazují je na zem, zastrašují své hostitele, zakládají požáry nebo malé povodně. Je to práce nízkých entit, protože jsou inteligentní a jsou schopny ovlivňovat našimaterie. Právě kontakt s nízkým světem vede člověka k úplnému životnímu zhroucení, protože jedinec, který si neuvědomuje, co se děje, ztrácí duševní rovnováhu a často se psychicky zhroutí.

S nižším světem lze komunikovat dvěma způsoby: nedobrovolně v podobě poltergeista a verbálně přijímáním informací. Toho druhého se však člověk neodváží ze strachu před nízkými entitami a nedobrovolně, tím, že svým chováním vytváří hrubou energii, je k sobě přitahuje a ony s ním přicházejí do styku prostřednictvím činů. Entity ho začnou provokovat tím, že v bytě způsobí nepokoje, všechno rozbijí a zničí. Protože mají zlou povahu, snaží se vždy připsat všechny své činy člověku, ať už dospívajícímu nebo dospělému, a projevují se pouze v jeho přítomnosti. I když tito lidé někdy skutečně mohou způsobit jejích projev v našem světě: vytvářejí pole nebo produkují energii, která je pro ně příznivá. Většinou se živí energií člověka, která se uvolňuje ve chvílích strachu, hádek a temných emocí.

Tyto entity přirozeně nesnášejí vysokofrekvenční energii, která pochází z modliteb, některých vysoce kladných osobností a některých rostlin. Proto je vysoké frekvence vytlačují. Jako všechny zlé bytosti jsou mstivé, takže poté, co je kněz začne vyhánět, své činy navzdory lidem ještě zintenzivní.

Rituál exorcismu musí být správně sestaven a modlitby musí předčítat skutečně vysoce duchovní kněz, respektive musí mít silný energetický potenciál duše. Nízké entity se takových lidí bojí, ale těch je bohužel málo.

S malým energetickým potenciálem, naprostou nebojácností a správným rituálním chováním je však lze úspěšně vyhnat i z bytů. Je třeba získat zkušenosti. V některých případech s nimi lze jednoduše vyjednávat. Ne všichni jsou pomstychtiví, někteří mají rádi vtipkovat. Ano, prostě si dělají legraci a vysmívají se lidské slepotě: člověk nemá jasnozřivost a nevidí, jak se předměty pohybují, a domnívá se, že se samy vznášejí vzduchem. Tento pohled je baví. Pokud jim však člověk, který s nimi přijde do styku, dá dobrý důvod, že jim překáží v plnění Božího programu nebo v něčem jiném, odejdou sami. Jsou tu i různá stvoření; některá z nich jsou docela slušná, zvědavá. Takže udělají lehké žerty a zmizí stejně náhle, jako se objevili.

Poltergeist tedy vyžaduje komunikační kanál s nižším světem a přítomnost hrubé energie produkované lidmi.

Posedlost

Otázka: – Nejsou to podobné entity, které ovládnou člověkem a jsou příčinou posedlosti? Co jsou to zač?

Odpověď: – Poltergeist způsobují některé nízké entity, zatímco posedlení jemnohmotných obalů způsobují jiné. Pocházejí však také z nižšího světu. Je třeba si uvědomit, že v každém světě není jen jeden druh bytosti, ale mnoho nebo více druhů. V nižším světu existují také různé druhy bytostí. Někteří lidé říkají jim čerti (a je jich několik druhů), někteří démoni, někteří trolly a tak dále. Vezměte si naši Zemi. Je zde mnoho agresivních zvířat: vlci, tygři, levharti, lvi, hyeny a tak dále. Kdyby se každý druh vydal z našeho světa do paralelního nebo sousedního světa, také by se tam domnívali, že pochází z různých světů. Přesto spolu dobře existují v jednom světě a jsou mezi nimi určitá pravidla chování.

Za proniknutí do obalů člověka jsou tedy zodpovědné jiné bytosti zvané lidmi běsy. Jsou však ze stejného sousedního světa, který je nižší Úrovně než ten náš. Běsy jsou menší bytosti než ty, které způsobují poltergeist. Vedou svůj vlastní způsob života. Mají jiné chování. Na rozdíl od prvních neradi zastrašují nebo vtipkují, ale rádi komandují a manipulují ostatními a živí se jejich energií.

Obvykle se jedná o nízké lidi nebo mladé duše s nedostatečným energetickým potenciálem duše. Mají velmi slabý ochranný obal, takže tyto parazitické entity ho prolomí a proniknou do jemnohmotných struktur člověka, začnou ho ovládat, provokují ho k takovému chování, které jim produkuje energii požadovaných frekvencí.

Slyšeli jsme příběh ženy, která trpěla posedlostí a obvinila Wolfa Messinga, že je posedlá Satanem poté, co s ním byla v kontaktu (účastnila se jeho hypnotických sezení). To je ovšem falešné obvinění založené na lidské nevědomosti. Jde o ženu samotnou, o její nízkou a slabou duši. Žena neměla dostatek energetického potenciálu, který nashromáždila během minulých reinkarnací nebo v důsledku vlastní degradace, aby se ochránila před nízkými entitami. A Wolf Messing je velmi vysoká duše se silným energetickým potenciálem. Jeho jedinou chybou tedy bylo, že když tuto ženu uvedl do hypnózy, neúmyslně prolomil její ochranný obal a ona se nemohla zotavit.

Nízká entita využila trhliny a pronikla do jemnohmotných struktur dotyčné ženy. Obvykle se taková porucha časem sama zlikviduje, "rána" se zahojí správným životním stylem a nahromaděním značného energetického potenciálu. Čtení modliteb také pomáhá obnovit energetické pole. To znamená, že je potřeba vinit především sebe: svou vlastní nevědomost, slabý potenciál duše, a ne někoho jiného, s kým jste přišli do styku. Člověk se může setkat se samotným

Ďáblem, a přesto zůstat sám sebou, pokud má pevný pohled na svět, velké vědomosti o světech a silný energetický potenciál. V opačném případě ho samozřejmě ovládne jakákoli nízká entita s velkým potenciálem.

A opět, ačkoli jsme o tom již hovořili, k očistě takových lidí dochází pomocí silnější energie, například energie média nebo duchovního. Nízké bytosti netolerují vysoké frekvence. Je to pro ně destruktivní. Kadidlo a svíčky při hoření vyzařují energie vysokých frekvencí, které tyto entity zaplaší a očistí jemnohmotné obaly člověka.

Informace budoucnosti

Otázka: – Vaše informace jsou určeny lidem budoucí lidské rasy. Není pro nás užitečná, protože ji nelze použít v současnosti. Nemáte žádné praktiky jako například jogíni, zástupci Krišny nebo dokonce křesťané. Proč byla dána dříve, než se objevila šestá rasa? Za jakým účelem?

Odpověď: – Ano, někteří lidé si myslí, že naše informace jsou určeny pro vzdálenou budoucnost, ale není tomu tak. Pro lidi páté rasy je to nezbytné, protože je to zkouška. Podle toho, do jaké míry jí člověk rozumí, určuje, jaké Úrovně již dosáhl. Je jasné, že ti, kteří ji vůbec nechápou, jsou nízké Úrovně nebo ze záporného Systému. Tím, že mluvím o nízké Úrovni, nechci nikoho ponižovat. Nízká Úroveň znamená mladou duši, která ještě neprošla dostatečným stupněm rozvoje, aby pochopila, co nyní dávají Vyšší.

Tyto informace umožňují člověku samotnému pochopit jevy, které dříve považoval za fenomény. Vezměte si Yettiho nebo lochneskou příšeru, kterou přivezly ve formě jikry na mimozemské lodi a hodily do jezera. Dříve by se to zdálo neuvěřitelné, ale nové poznatky nám umožňují dívat se na podstatu věcí jinak.

Na základě těchto informací může vysvětlit všechny divné události pozorované na Zemi. Už se nebude ptát, proč se mění civilizace, proč se mění mapa hvězdné oblohy a proč je naše planeta ve stavu kataklyzmatu. Dozví se, odkud se vzali mimozemšťané a proč přicházejí na Zemi, co znamenají kruhy v polích a odkud pocházejí malby rakety ve starých jeskyních. Bude mu jasné, že jde o vliv mimozemských návštěv.

Lidé si například kladou otázku, co znamenají kruhy v obilných a jiných polích a proč mají různé vzory? A na základě našich informací dá se usoudit, že se jedná o stopy po přistání mimozemských lodí. Protože však různé lodě mají různé motory, tráva a rostliny se při startu vlivem startovacích energií neohýbají stejně. Různé vesmírné lodě navíc pracují s různými energiemi, které mají svou vlastní sílu a vliv na vegetaci, takže se mění i vzor na kruzích.

I naše auta mají různé obrázky pneumatik, které zanechávají na zemi různé stopy, ale to neznamená, že bychom v nich měli hledat písemné vzkazy pro ostatní. A někteří výzkumníci hledají právě tato sdělení ve startovacích stopách. Pro mimozemšťany je to k ničemu. Pokud potřebují navázat kontakt s lidmi, mohou tak učinit a nepotřebují k tomu tlumočníka. Dokonale rozumí lidem, ať už mluví jakýmkoli jazykem, protože nepoužívají verbální formu komunikace, ale telepatickou, založenou na obrázkovém vnímání informací.

Nebo si vezměte jiné informace. Pochopení Úrovně rozvoje člověka změní způsob, jakým k němu vedoucí pracovníci a učitelé přistupují. Člověk sám začne vnímat Úroveň rozvoje lidí kolem sebe a pochopí, že od nízké Úrovně není co požadovat: jeho matrice je stále prázdná, ale je potřeba pečlivě ho učit, aby vytvářel stabilní kvality. Zatímco od člověka vysoké Úrovně rozvoje je možné hodně vyžadovat, může být zařazen na odpovědná místa a pozice, vše zvládne mnohonásobně rychleji než člověk nízké Úrovni. Znalost našich informací může zcela změnit postoj člověka k člověku, tedy znalosti otevřou pohled na jiné.

Vyšetřovatel nebo soudce bude na základě studia našich informací schopen pochopit, která osoba patří do kladného Systému a která do záporného. A tato příslušnost vyžaduje změnu přístupu k obviněnému a případně i změnu výměry trestu. Soudce bude vědět, že kladný jedinec udělal chybu a je třeba vynaložit veškeré úsilí, aby se vrátil na správnou cestu. Je třeba s ním hodně pracovat v oblasti vzdělávání a výchovy.

Ale u záporného jedince přijde vše nazmar, nic nevnímá a nikdy nezmění své názory. Je zbytečné vychovávat vraha nebo maniaka, který "pracuje" ze záporného Systému. Jejich program je uzavírá před kladném vlivem. To vše je třeba pochopit. Je zřejmé, že styl chování kladného a záporného člověka je nejen odlišný, ale i protikladný, čehož lze využít při jejich pronásledování a chytání. Mají-li však být taková protikladná individua správně využita v klidné práci, pak je lepší, když se kladný jedinec věnuje vynalézání nových věcí a záporný jedinec automatickým procesům, ničení starého nebo výpočetním operacím s hledáním výhody pro sebe.

Znalost "Zákona příčin a následků" nebo zákona karmy může i ve škole změnit chování dítěte k lepšímu a naučit ho přemýšlet o důsledcích svých činů.

Každý člověk, který bere svůj rozvoj vážně, dosáhne ve své práci maximální profesionality, protože si uvědomuje, že každým svým činem buduje kvalitu v buňce své vlastní matrice. Stane se zodpovědnějším jak vůči sobě, tak vůči ostatním a bude neustále přemýšlet, zda dělá správnou věc, nebo ne. Vyšší vlastnosti, o kterých jsme se zmínili: sebekritičnost, sebeovládání, sebeuvědomění a další, mu pomohou zaměřit se na jejich rozvoj již nyní. Jeho pohled se může zcela změnit k lepšímu. Nebude se ztrácet v pochybnostech a klást si věčnou otázku po smyslu života, protože ho jasně uvidí před sebou jako cíl.

Nové vědomosti ukazují člověku, jak zdokonalit svou duši. To je hlavní cíl člověka, který se nevztahuje na jeden život, ale na celou jeho existenci na zemi i mimo ni. Není většího a vznešenějšího cíle než zdokonalování duše. Tím, že člověk správně rozvíjí sebe sama podle "Zákonů Universa" a pomáhá rozvoji druhých, usnadňuje nejen svou existenci, ale také urychluje rozvoj našeho Stvořitele, protože rozvoj Boha je přímo závislý na rozvoji každé živé duše. Toho by si měl být každý vědom, takže je třeba vědět, co jeho zdokonalování urychluje a co ho naopak táhne zpět.

Při sledování filmů a divadelních her zjistí, jaké chování je nízké a jaké vysoké. Po prozření mnoho režisérů nebude točit filmy, které přispívají k degradaci člověka, a nyní je takových 90 procent, ale pozvednou duši a pomohou k pokroku. Svými odpornými a špinavými představeními nebudou dláždit duši diváků cestu k Ďáblu, ale k Bohu. Vize toho všeho je odhalena v našich informacích.

Například při sledování filmu pozoruješ, že režisér prezentuje nejnižší vlastnosti hrdiny jako kladné a škodlivé lidské chování, nízké emoce a špatné skutky prezentuje jako zajímavé a fascinující chování. Je jasné, že takový režisér nemá ponětí, kde je dno a kde vrchol, co vede k Bohu a co k Ďáblu.

O využití našich informací v životě moderního člověka bychom mohli hovořit velmi dlouho. Řekněme jen, že umožňuje správně se orientovat v jednotlivých krocích v současnosti a napravovat chyby, než bude pozdě. Tam Nahoře bude napravování mnohem bolestivější.

A na závěr řekněme, že **naše informace vysvětlují úplně všechno**.

Otázka: – Tak nám řekněte, proč se aktivita Slunce v posledních letech dramaticky zvýšila? Někteří vědci dokonce naznačují, že by mohlo explodovat.

Odpověď: – Ne, Slunce nevybuchne. Je to příliš velký objekt na to, aby se mohl zhroutit a zničit cokoli v okruhu svého dopadu.

Zvýšení sluneční aktivity je způsobeno tím, že se naše planeta přesouvá na novou oběžnou dráhu. Tyto informace jsou uvedeny v našich knihách. K přesunu na vyšší oběžnou dráhu potřebuje planeta doplňkovou energii, a to jak jemnohmotnou, tak fyzikální.

Uvedli jsme podobný příklad, že při přechodu elektronu z jedné oběžné dráhy na jinou, vyššího řádu, je mu rovněž přidělena energie navíc. Další energie jemnohmotného plánu je však na Zemi vysílána vlastními způsoby: prostřednictvím kontaktérů a senzibilů (slouží jako její průvodci pro planetu), prostřednictvím zvláštních nosičů energie (lidé je vidí jako světelné objekty přicházející z vesmíru) a dalšími způsoby, které zůstávají mimo lidskou mysl.

Samotná jemnohmotná energie však k přechodu nestačí, Země potřebuje také fyzikální energii hrubšího rozsahu, kterou vysílá Slunce. Proto je jeho činnost uměle aktivována Vyššími a naše planeta od něj získává přesně ty druhy energií, které v daném přechodném období potřebuje. K explozi Slunce tedy nedojde. Jakmile předá Zemi potřebné množství energie, jeho aktivita poklesne.

Mimochodem, v důsledku zvýšeného uvolňování velmi velkého množství energie na Zemi v současné době hoří rašeliniště v útrobách planety i lesy na jejím povrchu. Existují umělé požáry, které záměrně zakládá záporný Systém, ale většina z nich je způsobena zvýšeným přísunem energie na planetu, která se nestačí v rámci planety a jejích jemnohmotných obalů přerozdělit, takže její hromadění na určitých místech vede k vypalování rašeliny a lesů.

Války

Otázka: – Co pomůže lidstvu zbavit se válek: vypracováním Vyššími nových programů vylučující vojenské konflikty, nebo správná rozhodnutí lidí?

Odpověď: Pouze správný rozvoj duše v souladu s novými poznatky pomůže člověku a lidstvu zbavit se válek a utrpení. Získání vysokých kvalit v matrici umožní vyhnout se chybám a správně řešit navržené situace.

Člověk dosud nedokáže pochopit, že utrpení pochází z jeho špatných skutků a myšlenek, neví, jak správně žít, o co usilovat, a volí zlo, které se pak odráží zpět k němu a působí mu bolest a muka. A dokud si to neuvědomuje, Vyšší budou mu tvořit programy, které jako varianty zahrnují cesty rozvoje procházejícího válkami a mukami.

Člověk si například myslí, že aby byl mír, musí se ho jeho soused bát. Proto ho nejprve potrestá, ukáže mu svou sílu a převahu a pak si vybuduje klidný život. Jeho činy by však vyvolaly nenávist jeho souseda a pomstu a místo míru by vypukla válka. To je příklad špatného jednání. Rozpoutání konfliktu, trestu, je špatná volba člověka. Mírové řešení problému s odstraněním příčin, které nám brání ve společném soužití, je správným řešením problému. Jedná se však o schematický příklad.

Podrobnější studium lidského chování a protiprávního jednání vyžaduje zkoumání konkrétních situací. Jedinec se musí naučit chápat, co dělá špatně a co je správné. Zavedení takových hodin ve škole by například naučilo jedince porozumět možným řešením situací. Člověk se musí naučit správně se rozhodovat v domácích i společenských situacích. Ale vždycky si vybere tu nejhorší, když má na výběr. A to kvůli jeho nedostatečným znalostem a přítomnosti špatných vlastností v jeho charakteru.

Proč se říká: "Všechno zlo je v člověku"? Protože všechny vlastnosti a znalosti, které získal v minulosti, mu neumožňují řešit situaci nebo jakýkoli problém směrem k dobru a světlu. Na čem jsou založeny příčiny válek? Na negativních vlastnostech těch, kteří je zakládají. Vyjmenujme si některé z nich: honba za cizím bohatstvím a územím (tedy ve vlastní prospěch), touha po ovládnutí světa, sláva, touha podmanit si druhé, ješitnost, chamtivost, pomstychtivost, krutost, agresivita a další záporné vlastnosti. Jsou uvnitř člověka, v buňkách jeho matrici, a právě ty ho nutí dělat špatná rozhodnutí.

Kdyby se každý člověk ve své duši řídil opačnými vlastnostmi, jako je milosrdenství, soucit, láska, pomoc druhým, spravedlnost, pak by se rozhodoval výběrem jiného směru – k dobru a všeobecnému blahobytu. Jsou to vlastnosti uvnitř matrice člověka, které ho nutí volit mezi dobrem a zlem. Proto je tak důležité vytvořit v sobě vyšší, pozitivní obsah, který se pak automaticky začne rozhodovat v situacích směřujících k míru a všeobecnému blahu. Kladný obsah matrice nutí člověka volit dobro, světlo, lásku, zatímco záporný obsah nutí člověka volit krutost, násilí, války. Utrpení ho nutí změnit záporné věci na kladné; samozřejmě ne všechny, ale některé.

Proto budou Vyšší i nadále vypracovávat programy lidem s konflikty a válkami, dokud se je nenaučí řešit mírovou cestou. Každá vojenská situace má několik možností, jak ji vyřešit mírovou cestou, a to diplomatickým, ekonomickým nebo charitativním řešením, kdy se věc neřeší trestem, ale poskytnutím pomoci. I ta poslední varianta také určitě existuje. Volba charity namísto války však ukazuje, že ti, kdo se podílejí na řešení konfliktů, jsou velmi svědomití. Volba charity místo války ukazuje, že člověk má rozvinuté vysoké duchovní kvality. To znamená, že volba kladného nebo záporného řešení závisí na tom, co je v člověku. A pokud tomu tak je, je třeba v osobnosti formovat takové vlastnosti, které nedovolí zvolit si v programu krutost, násilí a agresi.

Pouze správné zdokonalení duše pomůže člověku zbavit se válek, utrpení a karmy. Vyšší Učitelé jsou ti, kteří přinášejí na Zemi nové vědomosti, aby pomohli těm nižším pochopit cesty vzhůru a dolů.

Když se člověk naučí správně rozhodovat, Vyšší odstraní z programů možnosti s válkami. A aby se to naučil, musí hodně studovat, zdokonalovat svou duši, proměňovat nízké ve vysoké. Zde jedna závislost vyplývá z druhé.

Otázka: Proč jsou nové informace vždy považovány za důležitější než staré informace? Jelikož staré informace jsou ověřeny a potvrzeny životem, ale nikdo neví, co přinesou nové informace.

Odpověď: – Především nese novou energii. Staré informace jsou postaveny na energiích nižšího rozsahu, než vyžaduje nová doba, odchází do minulosti a stávají se historickým mezníkem. Ztrácí svou hodnotu, protože patří k zastaralým a neaktuálním.

Nové informace nesou nové druhy energií, energie budoucnosti. Poznat je znamená obohatit svou duši o škálu energií vyššího řádu, než na jakém byla postavena předchozí informace, a která ji (duši) posune na další stupeň rozvoje. Podstatou nových informací je pouze dodání duše energií vyšší Úrovně, je to čistě fyzikální proces – způsob nasycení lidských matric energiemi vyšších frekvencí, proto je každé nové poznání budováno s ohledem na vyšší Úroveň.

Informace současnosti a budoucnosti v sobě nesou složité pojmy a představují pro člověka jinou výzvu. Rozšiřuje jeho vědomí na kosmické, přesouvá jeho pozornost od pozemských problémů k problémům kosmického společenství, a tím zvyšuje celkovou úroveň vědomí a úroveň jeho odpovědnosti za všechny jeho činy.

Když se ničí civilizace, ničí se kultura, historie, všechno, protože to ztrácí svůj význam pro vesmír. Zkušenosti z minulosti nelze použít ve vzdálené budoucnosti, protože tam bude všechno jinak. Ale co je nejdůležitější, budou mocnější energie, a to nedovolí v budoucnu používat staré se slabým potenciálem, tedy fyzikální vlastnosti procesů neumožňují používat výsledky minulosti, jinak bude současnost vadná.

Budoucnost je vždy postavena na novém, proto je neočekávaná a neopakovatelná.

Vstupování do Boha

Otázka: – Píšete o vstupu do Boha po dokončení určitého stupně rozvoje, což znamená průchod Božskou Hierarchií. Nevypadá to, že se Bůh živí námi? A lidské tělo jako bio-stroj pak produkuje energii, která je opět odevzdávána Bohu. Živí se naší energií, jsme tedy stvořeni jen proto, abychom ho živili?

Odpověď: To je hrubé překrucování pravdy, o kterém jsme v našich knihách opakovaně hovořili. Člověk může číst informace a nerozumět jejich podstatě nebo převádět vysoké procesy do obrazů nízkého vnímání, což způsobí hrubé zkreslení, i když se mu samotnému může zdát, že všemu dokonale rozumí. Ale takový pojem, jako je vzájemné pojídání, převzal člověk ze světa zvířat. To je pravda nízké úrovni.

Jak se rozvíjíme, vzdalujeme se od nízkých pojmů a směřujeme se k vysokým. Nelze aplikovat nízké na vysoké, protože každý svět je postaven na vlastních jedinečných procesech.

Když duše vstupuje do "Boží říše", má na mysli jeho územní vlastnictví. Proveďme toto hrubé srovnání. Pracovník vstupuje do teritoriální oblasti továrny. On taky "vstupuje". I zde vyrábí pro ředitele určité výrobky a ředitel mu za ně platí mzdu. Pracovník vyrobí produkt a za svou práci dostane ekvivalent – peníze. Tento druh vztahu je vlastní lidské společnosti, ale ve světě zvířat ho nenajdete.

Čím vyšší je Úroveň rozvoje, tím individuálnější a vznešenější je vztah mezi živými formami. Proto duše vstupuje do Božích apartmánu, aby tam pokračovala v určité práci potřebné pro Boha a zdokonalovala se sama.

A jestliže člověk produkuje energii pro Boha, Bůh ji ještě více vynakládá na jeho rozvoj. Nesmíme zapomínat na procesy výměny energie, které probíhají mezi všemi Úrovněmi a bytostmi na nich.

Parazitismus existuje pouze na Zemi, ale duše s takovým sklonem vlastností jsou buď rozkódovány, nebo převedeny do záporného Systému. Ve vesmíru tedy nedochází k jednosměrnému předávání energie. Vše se rozvíjí na základě vzájemné výměny. Tyto tendence jsou podporovány zvláštními Zákony Universu, které řídí vztahy mezi rozvíjejícími se formami.

Oblečení Vyšších

Otázka: – Člověk na Zemi vždy nosí oblečení. Mají je vyšší Podstaty? Koneckonců, pokud jsou Podstaty shluky energie, proč potřebují oblečení? Možná má nudismus kořeny shora?

Odpověď: – Nudismus má kořeny ve světě zvířat. Je to zvířecí zvyk přenesený do lidského světa. Zvířata jsou zvyklá pobíhat ve svém přirozeném stavu, takže když se dostanou na vyšší stupeň, zachovají si starý styl chování. Je-li však duše přenesena do nové formy, musí se zbavit starých, nižších návyků a získat nové, vyšší. Člověk by se měl stydět. To je pro lidskou etapu nutnosti. Pokud zvíře nevidí svou nahotu a to, že je špatné a nízké, pak to musí vidět člověk. Proto Adam a Eva, když ochutnali jablko jako poznání vyššího řádu, uviděli svou nahotu. Ale nejenže to museli vidět, museli se také stydět a pochopit, že je to špatné. Na to se zaměřila jejich další rozvojová etapa.

Tendence zdokonalování duše při průchodu lidskou podobou spočívá v tom, že když si člověk osvojí takovou vlastnost, jako je stud, musí své tělo stále více zahalovat před pohledy zvenčí. Nižší se nestydí za svou nahotu. Čím vyšší je člověk, tím více se zahaluje před ostatními. A už i bytosti pracující v okolozemském prostoru mají své speciální oblečení, které člověku nedovolí vidět jejich postavu. Je tam, ale žádný člověk, který je od přírody jasnovidný, by nedokázal popsat, co se skrývá pod jeho oděvem. Proč například bytosti zvané andělé někteří lidé vždy vidí ve volném oděvu až po paty?

Bytosti jemnohmotného světa, které pracují s lidmi, nosí volné, přiléhavé oblečení, protože není zvykem, aby jim přes oděv prosvítala jakákoli část těla. Považuje se to za vrchol neslušnosti. To znamená, že nejenže by tělo nemělo být vidět zpod oblečení, ale také by přes oblečení neměly být vidět některé detaily a obrysy těla. To je nejvyšší tendence výchovy, která pochází od Boha.

Nižší tendence – svlékat se – pochází od Ďábla. A je vidět, jak je tento trend nyní rozšířený. Lidé si myslí, že čím více jsou nazí, tím vypadají moderněji.

Proč je tedy člověk prostřednictvím umění povzbuzován k tomu, aby si myslel, že jeho tělo je krásné? Již od starověku bylo mezi umělci v módě malovat akty zobrazující krásu lidského těla. Musíme si uvědomit, že mnoho duší přichází do našeho světa ze zvířecího světa, což znamená, že duše mění jednu formu na druhou. A ne každé se jejich nový vzhled líbí. Proto duše naladí na změněnou podobu.

Člověk musí nejprve milovat své tělo jako novou formu existence a říkat, že je krásné. To je jeho úkol na nízkém stupni rozvoje. Ve střední fázi si musí uvědomit, že na jeho těle není nic dobrého a krásného. A ve vysokém stádiu musí vidět, že jeho tělo je ošklivé, a tato vize se projeví studem a způsobí, že se bude stále více zahalovat.

Mluvíme-li o Vyšších Podstatech v Boží Hierarchii, mají jinou formu a způsob existence než lidské bytosti. Lidé si je představují, že existují v podobě světelné koule. A jaká koule má oblečení a potřebuje ho? Ale není tomu tak. Každá Podstata má vždy vnější obal, který je staven pro příslušné prostředí. Je tomu tak i na Zemi: ptáci žijí ve vzduchu a mají pro to vytvořenou podobu, ryby žijí ve vodě a jejich podoba odpovídá tomuto prostředí, žížala je v půdě a její podoba odpovídá tomuto prostředí. To znamená, že prostředí nutně určuje vnější prvky povrchového obalu.

Vyšším Podstatům diktuje jejich prostředí vlastní zvláštnosti ve stavbě obalu a její ochraně. Vyšší nejsou nikdy nazí. Jejich vnější obal je pokryt ochranným pláštěm, nebo našimi slovy oděvem. Mají ochrannou a estetickou funkci. Životní prostředí je vždy hrozbou. Výjimkou nejsou ani vyšší světy. Proto je pro Podstaty povinné oblečení, které je však energetické, tedy má zvláštní konstrukci. Ale díky tvořivosti a pochopení harmonie je Podstaty dělají krásnými, třpytivými, zářivými. Prvky pozemské módy, kde se šaty třpytí, jiskří barevnými jiskrami, jsou převzaty právě z jejich světa. Podstaty nosí velmi krásné oděvy, o kterých se pozemským ženám může jen zdát.

Otázka: – Kde lidé vzali nahé Bohy s hlavami ptáků a zvířat? Viděl jsem je na jednom z obrazů.

Odpověď: – Jsou to bytosti z nižšího, materiálního světa. Aniž by tomu naši předkové příliš rozuměli, často přisuzovali postavení Bohů neznámému. Za Bohy měli mimozemšťany, velké vesmírné objekty (Slunce) a duchové přírody byli také pro ně Božstva.

Co se týče zvířecích forem, všechny přicházejí na Zemi z nižších nebo paralelních materiálních plánu, které sídlí v jiné dimenzi.

Přítomnost zvířecích forem svědčí o nízkosti materie. V našem Božím Systému je to zvykem: vše, co je v rozvoji pod úrovní Země, má podobu zvířete a vše, co je nad ní, má podobu člověka.

Bytosti se zvířecí hlavy mohly na Zemi přiletět na svých lodích z nižších materiálních světů. V našem i jiných vesmírech jich je mnoho. Některé z nich dosáhly značného technického pokroku, ale zdaleka ne duchovního. Naši dávní předkové považovali svou technickou převahu za božské schopnosti. Člověk však teprve nyní začíná chápat, že ne každý, kdo přiletí v mimozemské lodi, je Bůh. Všechna zvířata tedy patří k nízkým (pro vesmír) Úrovním rozvoje. Pro člověka se mohou jevit jako vysoká Úroveň, protože on sám je ještě velmi nízko, a každý, kdo mu dokáže ukázat trik, kterému nerozumí, je pro něj již Bohem.

Nyní již musí přehodnotit svůj pohled na svět kolem sebe. Znalost našich knih umožňuje určit, kdo je kdo.

Pozemská technika

Otázka: – Může pozemská technika, například moderní filmové kamery, zachytit bytosti jemnohmotného plánu?

Odpověď: Moderní technologie nejsou určeny jen k tomu, aby pomáhaly člověku, aby uspokojovaly jeho zájmy, ale jsou určeny i k tomu, aby Vyšší dohlíželi na člověka a pracovali s energiemi, které produkuje. Televizory, kamery a fotoaparáty jsou vylepšovány ani ne tak proto, aby člověka bavily a zpestřovaly mu volný čas, ale hlavně proto, aby pomáhaly hierarchickým Systémům shromažďovat různé druhy energií od člověka a v některých případech ho sledovat.

Hlavním účelem modernizace jmenované techniky je pracovat se stále širší škálou jemných energií, než jakou poskytovaly staré modely. Zapojuje se stále více druhů energií. Proto je každý nový prvek televizoru nebo set-top boxu určen pro nové funkce, které jejich předchůdci neměli. Nové modely jsou schopny natáčet a přenášet do vesmíru to, co zůstalo mimo zorné pole a chápání člověka. V této fázi jsou také schopni zachytit neviditelné mimozemšťany nebo bytosti z paralelních světů, i když ty zůstanou pro lidi neviditelné. Ale ti, kterým je to potřeba, včetně jednotlivých jasnovidců, je mohou vidět.

S čím vlastně tato zlepšení souvisejí? Abychom mohli odpovědět na tuto otázku, je třeba si uvědomit, že na Zemi přicházejí zástupci nové šesté rasy, kteří pracují s vyššími energiemi než lidé páté rasy. Technologie se tedy orientuje na novou rasu, aby pracovala s její škálou energií.

Psali jsme (kniha "Odhalení Kosmu"), že televizory jsou konstruovány tak, aby při sledování různých pořadů sbíraly energii od člověka a přenášely do kosmu energie vznikající z emocí a myšlenkových procesů. Ale člověk se mění: nová rasa bude produkovat vyšší spektrum energií tím, že zapojí nový rozsah, takže televizory a vše, co je s nimi spojeno, musí být přeladěno na nové spektrum frekvencí, což dělají Vyšší prostřednictvím pozemských vynálezců a konstruktérů, kteří přicházejí se stále novými nápady.

Televize se zdokonaluje ve zvládnutí příjmu a přenosu jemnějšího spektra energií, na kterém pracují představitelé nové rasy. Díky tomu mohou jasnovidci spolu s představiteli kosmu vidět v televizi věci, které běžný člověk svým zrakem v současnosti nevnímá.

Dokonalý člověk

Otázka: – Neustále nám říkají, že člověk pořád dělá chyby, vybírá si špatné věci, a proto produkuje energii špatné kvality pro Vyšší struktury. Proč Bůh nestvořil dokonalého člověka hned na začátku? Pokud je schopen všeho, mohl stvořit takového člověka, který by okamžitě vytvořil potřebnou čistou energii pro vesmír.

Odpověď: – V takovém případě bychom měli robota, který přesně vykonává svůj program. Robot by vyráběl přesně to, co má podle pokynů dělat, a nedělal by chyby, ale sám by se nerozvíjel. Robot nikdy nebude schopen myslet sám za sebe. Bude to přesný vykonavatel programu a nic víc. Přesné plnění programu rozvíjí ty kvality, které se Bohu nehodí a které nejsou vhodné pro kladný systém. To je přijatelné pro Ďáblův Systém. To znamená, že dokonalý člověk, který nikdy neudělá chybu a dělá to, co se líbí vyšší autoritě, je v použitelný Ďáblově Hierarchii. V Božím Systému musí člověk dosáhnout své dokonalosti tvrdou prací na sobě.

Odpovíme na otázku, co máme na mysli pod pojmem "dokonalý člověk"? Částečně jsme již výše uvedli, že se jedná o jedince, který nedělá chyby, a přirozeně musí mít určité vysoké kvality charakteru, aby ztělesňoval rysy kladného hrdiny.

Jasná realizace programu nemůže tyto vlastnosti poskytnout, protože zdokonalování je postaveno na principu volby: člověk se musí sám rozhodnout, co je lepší nebo co je požadováno. Svou volbou se učí přemýšlet, analyzovat dění kolem sebe. A to, co si vybere, se pak v situacích odvíjí a nutí ho, aby zhodnotil dosažený výsledek, který se mu vrátí jako dobro nebo zlo.

Rozvoj v kladném Systému je možný pouze prostřednictvím volby. Učí přemýšlet, pomáhá formovat inteligenci, kvality charakteru a individualitu. Není možné vytvořit dokonalou lidskou bytost najednou, protože každý takový dokonalý typ jedince bude ztělesňovat kvality pouze jedné Úrovně a rozvoj vyžaduje neustálou přeměnu kvalit z Úrovně na Úroveň. Pouze nekonečná píle je schopna proměnit nedokonalost v dokonalost... ale kterákoli z nich bude úrovňová, nikoli konečná, což vlastně znamená, že můžeme říci, že úplná dokonalost je nedosažitelná.

Otázka: – Jak vznikají programy a jak ovládají člověka?

Odpověď: Jedná se o utajované informace. Takové poznání je pro člověka nebezpečné. Musíte pochopit, že zjištění těchto informací umožní jedné osobě ovládat druhou. Ovládat svůj druh je snem mnoha lidí. Kolik lidí touží mít levného a bezplatného otroka, který by dělal, co se jim zachce!

Dovednost programování je dovednost podřizovat druhé svém přáním. Zištní a chamtiví jedinci by proto těchto znalostí využili k tomu, aby pro sebe vytvořili miliony otroků, kteří by bez otázek poslouchali každý jejich požadavek.

Odhalení těchto znalostí by proměnilo celou Zemi v líheň záporných jedinců. Vedoucí pracovníci by se bez odporu svých podřízených stali zápornými. Splnění každého přání by je zkazilo. A své touhy by uspokojovali programováním ostatních.

A podřízení by si nemohli volbou vybudovat kvality, které se jim líbí. Kromě toho, jak již víme, automatické provádění něčeho vede k hromadění záporných energií u jednotlivce. Podřízené tak následovali by své nadřízené do záporného Systému.

Je jisté, že vedoucí pracovníci neodolají touze formovat své zaměstnance podle svých osobních představ. Každý se chce obklopit skupinou podřízených. V podstatě by se jednalo o stejný Systém Ďábla. To znamená, že kdyby se o sestavování programů dozvěděli jednotlivci, kteří nedosáhli vysoké morální úrovně, rozšířilo by to ďáblovy metody po celé Zemi.

Je třeba říci, že toto poznání je pro člověka jedno z nejnebezpečnějších. K dobytí a zotročení národů by nebylo zapotřebí žádné zbraně ani atomové bomby, stačilo by, aby se těchto znalostí chopila hrstka militaristů a použila je v životě. Svět by byl dobyt vědeckou cestou.

Otázka: – Jaké tajemství existuje v životě Puškina?

Odpověď: – Pokud se na otázku podíváte z běžného pohledu, nebylo v něm žádné tajemství. Žil na svou dobu běžným životem, aktivně a odvážně, jako mnoho mladých lidí jeho doby.

Pokud se však na jeho život podíváte z vesmírné perspektivy, zjistíte, že v něm bylo tajemství. Ale takové tajemství existuje v každém člověku, každý se může ptát: z jakého světa přišla jeho duše – ze živočišného plánu nebo z jiného světa? Jak žil svůj předchozí život, jaká byla jeho minulá smrt? Jak byl souzen po smrti a kdo byli jeho soudci? V životě každého člověka je mnoho záhad. Každý může najednou zjistit, že je poslem jiných světů a mít na Zemi své poslání.

A pokud se na Puškinův život podíváte z tohoto úhlu pohledu, měl také mnoho takových tajemství. Protože však byl tvůrčí člověk, v jeho tvůrčí práci mu jistě pomáhala nejen jeho chůva Arina Rodionovna, ale také jeho Určovatel. Nebeští Učitelé se nutně podílejí na kreativitě člověka, a to až do té míry, že pomáhají svému žákovi najít správné rýmy a nápady.

V tvůrčím procesu má velkou zásluhu Určovatel. Aby například někteří skladatelé mohli plodně skládat jednu píseň za druhou pro lidi, musí pracovat spousta Nebeských Skladatelů. Hudba je nejprve napsána tam, Nahoře, a poté předána skladateli. Člověk je vlastně zprostředkovatelem jejich nebeské hudby na Zem. Není to tak jednoduché, jak se na první pohled zdá. A pokud je například skladatel nebo spisovatel "dopsán", znamená to, že pro něj Nebeská Skupina přestala pracovat. Vše je však spojeno s osobním programem člověka a společnosti. Všechno má svůj účel.

Ale protože se ptáte na tuto otázku, zřejmě jste četl naši knihu "Odhálení Kosmu", kde se uvádí, že Puškin měl po smrti ve svém programu 46 kontrolních bodů. A to znamená, že mohl žít o čtyři nebo možná pět let déle, pokud vezmeme v úvahu, že další kritický věk, kdy jsou lidé odstraněni, je 42 let. 37 let je také kritický věk, kdy mnoho lidí umírá. Tyto kritické roky jsem nazývala 11, 20-24, 37, 42, 48, 50. Někteří lidé mají plus minus jeden rok z důvodu zrychleného absolvování programu nebo jeho nedostatečného splnění. To znamená, že pokud člověk úspěšně dokončil svůj program, může mu být odebrán o rok dříve, a pokud ho nedokončil, může mu být prodloužen život o rok. Může se nám to zdát kruté, ale jak se říká, s těmi Vyššími se nediskutuje.

Vezmeme-li v úvahu tyto kritické body, pak Puškin postupoval přesně podle svého programu a zemřel ve věku 37 let. Zbývající body svědčí pouze o tom, že druhá varianta, kterou měl ve svém programu, mu zřejmě umožnila dožít se druhého kritického bodu, tj. do věku 42 let. To znamená, že Puškin měl před soubojem možnost volby, a kdyby ji odmítl, dožil by se 42 let, ale stejně by předčasně zemřel. V tom spočívá jeho tajemství. Týká se to však programu, který pro něj vypracovali vysocí představitelé. Druhá varianta programu neznámé člověku by odvíjela jeho život, protože zahrnovala některé události, které napsali Nebeští programátoři a které Puškin nerealizoval.

Stejné možnosti s neuskutečněnými událostmi má však každý člověk patřící Bohu. Jedinec se rozhoduje, což znamená, že některé možnosti cest rozvoje zůstávají za rámcem jeho života.

Otázka: – Lze spojení mezi Určovatelem a jeho žákem nazvat telepatickým?

Odpověď: – Říkáme tomu tak konvenčně kvůli snadnějšímu pochopení současným člověkem, ale je to špatně. Proč jsme ale použili špatný pojem?

Pojem "telepatie" již člověk pochopil, respektive zavedl do živé řeči, i když přesně nechápe, jak a co se děje. Ani telepatii zatím nebudeme vysvětlovat, protože jde o složitý proces, ale odpovíme na položenou otázku.

Spojení mezi Určovatelem a žákem není telepatické. Lze ji nazvat impulzní. Probíhá tak, že Nebeský Učitel vyšle žákovi energetický impulz nebo blok energie, který žák následně dekóduje. Impulz není vysílán pouze od objektu k objektu prázdným prostorem, ale prostřednictvím kanálového spojení, které mezi nimi trvale funguje.

Po technické stránce se jedná o velmi flexibilní, mobilní strukturu s určitou stavbou. Je to jakýsi elektrický drát, který se táhne od Určovatele ke studentovi. Díky tomu se signál-impulz dostane vždy ke správné osobě. Pokud by se tak nestalo, signál by mohl dostat jiný žák. A co by se stalo v tomto případě? Příkaz by byl odeslán jedné osobě a vyzvednut jinou osobou a proveden. Došlo by ke zmatku a nepořádku. Proto toto kanálové spojení zajišťuje, že signál – impulz je doručen přesně té správné osobě z jejího Určovatele.

Tyto signální impulzy mohou nést různé informace: číselné, slovní, mohou nést krátkou myšlenku. Všechny jsou však energií určité kvality a struktury, kterou člověk následně dešifruje do obrazů a symbolů, jimž může porozumět.

Otázka: – Má nyní boj o lidskou duši smysl?

Odpověď: Tento boj bude vždy aktuální. Chtěla bych říci, že v letech sovětské moci, kdy se bojovalo o každého člověka, bylo vyřazeno nejméně duší než v jakémkoli jiném režimu nebo systému. Vzdělání bylo za sovětské vlády vyjmuto z rodiny a školy. Za vzdělání byla zodpovědná celá společnost, tedy veřejnost bojovala za každou duši. Pracovali jsme na každém opilci, na každém provinilci, snažili jsme se mu nejen pomoci přežít, ale také ho nasměrovat na cestu dobra a tvoření. To mělo pozitivní výsledky – bylo dekódováno jen velmi málo duší.

Nyní je člověk ponechán sám sobě. Existují tisíce bezdomovců, lidí, kteří byli podvedeni a odhozeni, doslova vyhozeni do koše společnosti. Jsou odsouzeni nejen k fyzickému zániku, ale také k rozkladu, protože ve zbývajících dnech života rychle ztrácejí všechny své nashromážděné lidské kvality. Společnost nese dvojnásobnou vinu za jejich historii. Zaprvé umožňuje mladým a nezkušeným duším, mezi něž patří i bezdomovci, nechat se oklamat jinými, kterým se podařilo získat hmotné bohatství, protože bezdomovci většinou přežívají za drobné ze svých bytů. A za druhé, společnost nejenže nepomáhá takovým lidem se zotavit, ale svou lhostejností je zabíjí.

Tento lhostejnost a bezohlednost pochází z Ďábelského Systému. Proto chci apelovat na lidi, aby byli milosrdní, aby pokud možno pomohli těm, kteří přišli o všechno, ale hlavně aby nenechali nezkušené a bezbranné lidi oklamat. Je zřejmé, že by měly být vytvořeny nějaké zvláštní orgány na ochranu před útoky na majetek těchto občanů a že jsou nyní zapotřebí útulky pro dospělé, nejen pro děti. Dospělí i děti mohou být bezbranní a bezmocní vůči intrikám těch, kteří usilují o peníze a zboží na úkor druhých.

Je to dvojí zkažení a zničení duší. Někteří jsou zničeni jako bezdomovci, tedy mladé duše, které ještě nejsou schopny samostatného života, jiní jsou pro Boha ztraceni jako ti, kteří vstoupili na cestu zla.

Trestné je však všechno, včetně lhostejnosti. Bůh vidí všechno a Boží Soud teprve přijde.

SLOVNÍK

Absolutno	1) Bůh, Vyšší Rozum; 2) prostorový objem představující živý organismus Vyšší Bytosti, který v sobě obsahuje veškeré Bytí a je vrcholem určitého rozvojového cyklu.
Bůh	Hlavní Hierarcha kladného Systému, který stojí v čele Hierarchie – struktury jemnohmotného plánu, skládající se z mnoha *energetických světů*, a kterému v této fázi rozvoje patří čtyři vesmíry v celkovém objemu *Veškerenstva*.
Bytost	Podstata v plášťové struktura těl daných osobnosti na omezenou existenci, to jest na jeden nebo více životů, poté jsou těla odhozena a Bytost ve svém Hierarchickém uspořádání nabývá své původní podoby, to jest stává se Podstatou poněkud změněnou v procesu zdokonalování.
Čistá energie	Konvenční název pro energii nejvyšší frekvence, kterou je člověk schopen produkovat pro odpovídající Úroveň rozvoje. Matrice je naplněna pouze čistou energií.
Duše	*Matrice* s určitým počátečním kvalitativním složením energií, které se v procesu zdokonalování mění neustálým doplňováním buněk novými energiemi.
Ďábel	Je hlavním hierarchou záporného Systému. Svým vnitřním obsahem a jednáním je protikladný Bohu. Má vysokou inteligenci, zdokonaluje se v záporných procesech.
Energie	1) celkový potenciál obsažený v omezeném objemu něčeho nebo v daném rozsahu frekvencí; 2) jakýkoli druh materie, jak fyzické, tak jemnohmotné, která je mimo lidského vnímání; 3) je společnou mírou různých forem pohybu materie (klasická definice).
Energetické	Složky energetického souboru kvalit.

komponenty

Energetický potenciál   Charakteristika energetické síly něčeho, která se skládá z celkového potenciálu všech energetických hromadění objemu, procesu, stavu a tak dále. Čím více energie objem hromadí, tím vyšší je jeho energetický potenciál, tím větší je jeho síla.

Energetický svět   Název Úrovně Hierarchie, který odráží její kvalitativní stav. Každý svět odpovídá určitému rozsahu energií, které jsou uspořádány vzestupně.

Energetické tělo   Jemnohmotné, to jest energetické obaly, které obklopují duši (éterické, astrální, mentální a tak dále). Každý obal pracuje s vlastním rozsahem energií a má individuální stavbu.

Forma   1) Konfigurace fyzického obalu;

2) vnější projev jakéhokoli druhu existence.

Hierarchie   1) Rámcová struktura s distributivním systémem existence a pravidly rozvoje na každé Úrovni, s Absolutnem na vrcholu řídící struktury, která zahrnuje všechny Podstaty dané Hierarchie. Hierarchie obsahuje přesně definovaný počet Úrovní a Podstat;

2) systém postupného úrovňového rozvoje jakýchkoli forem, stavů, substancí, progresí a tak dále.

Hologram   Zvláštní konstrukce v jemnohmotném světě trojrozměrného obrazu předmětu, fragmentu programu nebo světa z energií požadovaného rozsahu frekvencí. Hologram může být o řád vyšší než samotný objekt.

Hromadění   Proces shromažďování a distribuce určitého objemu vstupujících energetických složek v určitém pořadí a jejich ukládání.

Individuum, jednotlivec   Stav kvalitativních základů Podstaty, poskládaných do určitého kompozita, který následně určuje individuální schopnosti daného jedince, dává mu jedinečné charakteristiky charakteru a chování a také usnadňuje individuální myšlenkové formace, jejíž platformu tvoří složky vlastního kompozita.

Jemnohmotný (svět, konstrukce, obal a tak dále)	1) vše, co je mimo lidské vnímání; 2) cokoli, co je vytvořeno z energií vyššího řádu, než jefyzická materie.
Karma	Odplata za minulé kladné nebo záporné činy (odměna nebo trest).
Kladný System	Společenství Podstat spojených s hromaděním kladných energií v matrici prostřednictvím procesů tvořivosti, pomoci druhým a řady dalších činností kladné povahy.
Kompozit	Souhrn kvalitativní energetické základny duše, která je jakýmsi jednotným procesorem, jenž plní konsolidační poslání soudržné vzájemně působící existence. Kompozit dává Podstatě znaky individuality a samostatné charakteristiky v jejím vlastním stavebním systému. Z toho plyne výlučnost v chápání světa a jedinečnost v procesu utváření myšlenek.
Konfigurace	Složitý tvar, který charakterizuje vnější nebo vnitřní strukturu stavby, která ke svému vzniku používá několik nebo mnoho jednoduchých tvarů nebo forem různých typů.
Matrice	Kosterní základ duše pro naplňování, hromadění a ukládání kvalitativních energetických stavů. Má buněčnou strukturu s pravidelným systémem distribuční orientace, díky kterému je do příslušné akumulační buňky dodávána energie určité kvality. Matrice má vlastnost samovolně zvětšovat svůj objem a vytvářet další buňky, když se její objem zaplní.
Osobnost	Podstata s individuálními povahovými rysy, jedinečná a výjimečná.
Počitáč Určovatele	Konvenční název pro technické zařízení jemnohmotného plánu, jehož prostřednictvím je člověk ovládán. Obsahuje všechny informace o člověku, jeho současném životním programu a fyzických vlastnostech jeho materiálního těla.
Podstata	1) Duše, individuum, progrese, nominál, osobnost, Jednotka;

	2) Charakteristika základní textury stavby, která má zásadní údaje pro úplný proces postupného rozvoje. (Pojem duše daný Systémem kreativity).
Potenciál	Sílový koeficient progrese, který charakterizuje výkonovou platformu konkrétního individua, to jest jeho síla nashromážděná během procesu rozvoje.
Program	Mnohovariační nastavení rozvoje vyvinuté Vyššími, orientující formu na hromadění energií příslušné etapy zdokonalování a určité konstrukci v něm.
Reinkarnace	Převtělování lidské duše nebo jiných pozemských forem do různých materiálních těl od života do života. Reinkarnace je mechanismus, který duši umožňuje získávat pozemské energie, ale nezajišťuje absolutní pokrok duše. Reinkarnace umožňuje jedinci napravit chyby, kterých se dopustil v jednom životě, v jiném vtělení.
Rozkódování	Zničení duše na jemnohmotné úrovni, zrušení sebeuvědomění jedince jako osoby; demontáž jemnohmotných energetických konstrukcí duše s úplným očištěním buněk matrice od energií nahromaděných jedincem ve všech minulých životech.
Síla	Míra síly, schopnost vykonávat práci a schopnost udržet její složky v jednom objemu.
Stav	Rozvíjející se oduševnělá forma s individuálním zaměřením na zdokonalování.
Struktura	Vnější a vnitřní konstrukce stavby, která zajišťuje její trvanlivost a existenci po určitou dobu.
Substance	Soubor, který má systémovou vnitřní strukturu uzavřenou v samostatné formě. Může zahrnovat mini-formy a spojovat jejích práci ve společném programu.
System	Společenství inteligentních Podstat, které spojuje stejná Úroveň rozvoje a určité vzájemné vazby, jež je vedou ke společnému cíli.
Universum	Určitý maxi objem, jehož velikost odpovídá jeho Úrovni rozvoje. Universum má hierarchickou strukturu. Rozvíjí se v něm mnoho Veškerenstva,

které mají různý kvalitativní základ a jsou omezeny určitými rozměry odpovídajícími jejich Úrovni. Veškeré bytíje v Universu. Universum se rozvíjí podle obecných zákonů existence.

Určovatel

Vyšší Podstata, která vede člověka nebo jinou formu životem (starý výraz – Nebeský učitel).

Uspořádanost

Již existující rozdělení vzhledem k periodickému pořadí (např.: 1;2; 3 atd.). Postupný vzestup po jednotlivých stupních rozvoje nebo Úrovních.

úroveň

Stupeň rozvoje někoho nebo něčeho.

Úroveň

Uspořádání něčeho v hierarchickém pořadí podle stupně rozvoje a získaného energetického potenciálu.

Úroveň Hierarchie

Energetické světy nebo objemy prostoru, které zaujímají v konstrukci Hierarchie pořadové postavení a mají v těchto extrémně utvořených objemech hranice počátečního a konečného obsahu. Objem je doplněny silovým polem, které je na konci Úrovně mnohem řidší než na začátku. Zákony existence na každé Úrovni jsou samostatné a mají charakter individuality ve vztahu k ostatním Úrovním.

Veškerenstvo

Omezený prostorový objem patřící k obrovskému kosmickému organismu, v němž přebývá a vyvíjí se veškeré Bytí.

Vysoký (nízký) světy, individuá

Týká se stupně rozvoje (osobností, světy a tak dále)

Záporný System

Společenství vysoce rozvinutých Podstat spojených s hromaděním záporných energií v matrici prostřednictvím výpočetních operací, programování a mnoha dalších procesů. V čele tohoto Systému stojí záporní Hierarcha (Ďábel).

Zdokonalování

Změna kvalitativního složení matrice směrem nahoru. Proto dochází k přeměně kompozitu a zvýšení potenciálu síly.

OBSAH

Larisa Seklitova, Lyudmila Strelnikova

MATRICE JE ZÁKLADEM DUŠE

Řada Za hranou neznáma
Kontakty s Vyšším Kosmickým Rozumem

ISBN: 978-84-128563-6-1 (paperback)
ISBN: 978-84-128563-7-8 (EPUB)

Vydáno k tisku 22.06.2024.
Formát: 152 x 229

Tato publikace je určena osobám starším 16 let.

CosmUnity
Centro de DesarrolloEspiritualHumano"RazaDorada"
Email: info@gold-race.org
CIF: G13673611

Zainteresovaní čtenáři mohou, pokud chtějí, přispět jakýmkoli způsobem k vydání knih autorů v angličtině, a to financováním překladu nebo přímo překladem, korekturami a obecně přispěním k vydání knihy, která je zajímá.

Svůj návrh zašlete na adresu info@gold-race.org.